SEUS SUPERPODERES

SEUS SUPERPODERES

AS MAIORES LIÇÕES DO DR. MURPHY PARA UTILIZAR O PODER DO SUBCONSCIENTE

DR. JOSEPH MURPHY

Edição
Mitch Horowitz

Tradução
Sandra Martha Dolinsky

1ª edição

Rio de Janeiro | 2025

TÍTULO ORIGINAL
Your Super Powers!: A Master Class in Using the Magic Within

TRADUÇÃO
Sandra Martha Dolinsky

CIP-BRASIL. CATALOGAÇÃO NA PUBLICAÇÃO
SINDICATO NACIONAL DOS EDITORES DE LIVROS, RJ

M96s

Murphy, Joseph
  Seus superpoderes : as maiores lições do Dr. Murphy para utilizar o poder do subconsciente / Joseph Murphy ; tradução Sandra Martha Dolinsky. - 1. ed. - Rio de Janeiro : BestSeller, 2025.

  Tradução de: Your super powers!
  ISBN 978-65-5712-477-2

  1. Pensamento. 2. Corpo e mente. 3. Produtividade. 4. Sucesso. 5. Técnicas de autoajuda. I. Dolinsky, Sandra Martha. II. Título.

25-96674

CDD: 158.1
CDU: 159.955

Gabriela Faray Ferreira Lopes - Bibliotecária - CRB-7/6643

Texto revisado segundo o novo Acordo Ortográfico da Língua Portuguesa.

Copyright © 2021 by Murphy Trust.
jmwgroup@jmwgroup.net
All rights reserved by JMW Group, Inc.
Exclusive worldwide rights in all languages available only through JMW Group
www.jmwforlife.com

Copyright da tradução © 2025 by Editora Best Seller Ltda.

Todos os direitos reservados. Proibida a reprodução,
no todo ou em parte, sem autorização prévia por escrito da editora,
sejam quais forem os meios empregados.

Todas as citações bíblicas foram extraídas da edição Almeida Revista e Atualizada, publicada pela Sociedade Bíblica do Brasil (SBB), salvo indicação em contrário.

Direitos exclusivos de publicação em língua portuguesa para o Brasil
adquiridos pela
Editora Best Seller Ltda.
Rua Argentina, 171, parte, São Cristóvão
Rio de Janeiro, RJ — 20921-380
que se reserva a propriedade literária desta tradução.

Impresso no Brasil

ISBN 978-65-5712-477-2

Seja um leitor preferencial Record.
Cadastre-se e receba informações sobre nossos lançamentos e nossas promoções.

Atendimento e venda direta ao leitor:
sac@record.com.br

Sumário

Prefácio: "Nós esquecemos quem somos"   7

Seus 12 poderes   11

O domínio supremo do medo   47

Os três passos para o sucesso   65

As maravilhas da imaginação disciplinada   83

Realize seu desejo   115

O incrível poder da sugestão   125

A falácia da velhice   161

Prefácio
Nós esquecemos quem somos

Nós esquecemos quem somos e estamos tentando lembrar.

É ASSIM QUE Joseph Murphy define a difícil situação da humanidade no ensaio que inicia esta coletânea.

Murphy dedicou sua longa carreira a despertar leitores e ouvintes de seu estado adormecido, no qual esquecem que, como seres moldados à imagem da Mente Infinita — ou seja qual for o termo que se use para designar a força da criatividade —, também são capazes de idealizar, conceber e, até mesmo, criar mundos.

Murphy encarava a vida como uma aula magna sobre a experiência de percebermos ou relembrarmos a nós mesmos de que somos seres criativos. Ele via a morte não como um fim,

Seus superpoderes

mas como um retorno primordial à fonte da Mente Superior da qual tudo emerge.

Nesta coletânea, Murphy se refere à humanidade como detentora de poderes maiores — ou superpoderes — que esperam ser refinados, aprimorados e usados, para que o indivíduo possa moldar conscientemente seu mundo, em vez de ser moldado por pensamentos crônicos, incoerentes e descontrolados. A sede de todo poder, como Murphy ensinou, é o pensamento emocionalizado. Todas as habilidades, capacidades e conquistas são frutos desse poder maior.

• • •

Todos nós vivemos conforme nossas suposições, quer nos consideremos pessoas de fé, agnósticas, materialistas ou qualquer outra descrição de como nos relacionamos com as forças ao nosso redor. Murphy nos desafia a viver de acordo com a *suposição de grandeza* — de nossa relação com os poderes esotéricos do pensamento e nossa capacidade de gerenciá-los. Se aceitarmos essa premissa, se a testarmos e a considerarmos promissora, esse ato contribuirá de forma significativa para gerar o estado de espírito que Murphy considera a estrada régia para nos levar a aproveitar e usar nossos pensamentos como ferramentas de criação. Como afirmou Neville Goddard, amigo e contemporâneo de Murphy, "sentir é o segredo". Tenho certeza de que o próprio teria concordado em todos os sentidos com essa afirmação. Combinar pensamento e sentimento, assim como ele ensinou, é a porta de entrada para a consciência de nossa supernatureza: nosso poder de criação.

Prefácio

• • •

Uma das observações que Murphy defende nesta coletânea — especialmente em seu ensaio "Realize seu desejo" — é que o *desejo em si é sagrado*. Desejo e necessidade são estímulos para o desempenho, a criatividade e a mudança. Sem desejo, nós estagnaríamos. Padeceríamos mesmice e inação. Somos condicionados a definir o desejo como um anseio; um desejo não realizado pode ser doloroso. Mas Murphy nos incentiva a *acolher o desejo como uma fome que liberta*. Uma fome que nos incita a nos conhecermos. Se seguirmos essa visão, nós nos descobriremos como seres de dimensões mais vastas do que jamais imaginamos.

Desejo, necessidade, fome... você sente essas coisas neste exato momento? Deve sentir, já que está lendo este livro. Ótimo. Esses são os motivadores que nos incentivam a ser nossa melhor versão, a perceber que o desejo existe — não para destacar a sensação de que algo nos falta, mas para nos direcionar à realização dele. Leia esta coletânea em um estado de desejo e veja se ele, aliado aos ensinamentos que encontrará aqui, não colabora para que você se recorde de quem realmente é.

Mitch Horowitz

Seus 12 poderes

ESTE LIVRO EXPLORA os 12 poderes que há dentro de nós. Às vezes são chamados os 12 signos do zodíaco, os 12 filhos de Jacó, os 12 meses do ano, as 12 horas do dia, os 12 trabalhos de Hércules, as 12 tribos de Israel, os 12 portões da Jerusalém celestial, as 12 colunas do templo de Júpiter, as 12 estrelas de Jano, os 12 escudos de Marte, as 12 mansões da lua e os 12 apóstolos simbolizados e retratados. Os 12 poderes do homem são os elementos da consciência.

O zodíaco representa o cinturão sagrado dos animais que estão dentro de nós. Em outras palavras, o infinito, ou os 12 poderes, que devem ser disciplinados e purificados antes de nos iluminarmos, antes de nos tornarmos o Deus-homem que caminha sobre a Terra.

Os 12 filhos de Jacó representam os 12 discípulos também. Seus nomes e significados são mencionados no Gênesis como

Seus superpoderes

Rúben, Simeão, Levi etc. Em Mateus, são chamados André, Pedro, Tiago e João. Representam a mesma coisa. Nossa missão, nosso propósito na vida é disciplinar essas faculdades para que um homem semelhante a Deus apareça na Terra. Então, como Jó, podemos dizer: "Ainda em minha carne verei a Deus." (Jó 19:26)

Jó também fez a seguinte pergunta:

> Onde estavas tu, quando eu lançava os fundamentos da terra? Dize-mo, se tens entendimento. Quem lhe pôs as medidas, se é que o sabes? Ou quem estendeu sobre ela o cordel? Sobre que estão fundadas as suas bases ou quem lhe assentou a pedra angular, quando as estrelas da alva, juntas, alegremente cantavam, e rejubilavam todos os filhos de Deus? (Jó 38:4)

Essa pergunta não é feita a Deus por Jó, mas pelo homem ao seu eu superior.

Nós nos esquecemos de quem somos e estamos tentando nos lembrar. O pecado original não tem a ver com o ato sexual, e sim com o fato de o homem acreditar na sabedoria mundana, feita de opiniões humanas, e usar seu intelecto de forma destrutiva.

O pecado original significa simplesmente que o homem esqueceu sua origem divina e aceita as opiniões dos homens como sendo a verdade. Por consequência, ele erra, porque não sabe que sua própria consciência é o Senhor Deus Todo-Poderoso. Ele habita, portanto, a terra de muitos deuses e a crença em muitos poderes.

O homem que ama a verdade e pratica a presença de Deus é como um pedaço de aço magnetizado. O homem que está adormecido para Deus é como um pedaço de aço desmagnetizado. A corrente magnética está dentro dele, só que adormecida.

Quando permanecemos na presença de Deus, a estrutura eletrônica e atômica de nosso corpo se reforma e vibra de acordo. "Ou poderás tu atar as cadeias do Sete-estrelo ou soltar os laços do Órion? Ou fazer aparecer os signos do Zodíaco ou guiar a Ursa com seus filhos?" (Jó 38:31-32)

Se reunirmos nossos discípulos e os disciplinarmos devidamente por meio da oração, meditação e visão mística, poderemos responder a todas as perguntas propostas no capítulo 38 de Jó. Quando o homem é completamente purificado, consciente e inconscientemente, o resultado gerado é a mente iluminada, chamada consciência de Deus ou consciência cósmica.

Que cada um determine por si mesmo se está invocando essas faculdades. André, chamado Rúben em Gênesis, significa "Olhai o filho". O filho representa a presença de Deus em nós. André é percepção, é sentir a presença de Deus, ou a verdade do ser, dentro de nós. André, portanto, representa a percepção espiritual como a primeira faculdade do homem. Visão espiritual significa entendimento, iluminação e compreensão, assim como quando entendemos a resposta de uma equação. Se eu percebo, eu vejo.

Não se trata de visão tridimensional, e sim de ver a verdade sobre o fato externo. Se colocarmos um pedaço de madeira dentro de um lago ou de um rio, ele parecerá estar deformado. Mas não está, é uma ilusão de ótica. Por exemplo, ao fitar os

Seus superpoderes

dois trilhos de uma ferrovia, eles parecem se unir no horizonte. Mas isso não ocorre, eles são paralelos. Isso seria ver a verdade sobre as coisas.

Uma pessoa espiritualizada vê a lei de causa e efeito operar em todos os lugares, e sabe que existe um padrão subjetivo por trás de toda manifestação em seu corpo e ao seu redor. Ela sabe que a satisfação de seu desejo é a verdade que a liberta. Quando passamos a ver espiritualmente, vemos paz onde há discórdia, amor onde há ódio, alegria onde há tristeza, luz onde há escuridão e vida onde há supostamente a morte.

Vemos a presença de Deus onde há confusão. Observamos a atmosfera e dizemos que não há nada ali, mas ela está cheia de vida. Observamos os céus e vemos algumas estrelas, mas, ao olharmos por meio de um telescópio, enxergamos muito mais estrelas que não discernimos a olho nu. Qual está certo, o telescópio ou o olho? Muitas pessoas pensam que o Sol nasce no Leste e se põe no Oeste, mas a visão ou compreensão espiritual sabe que isso não é verdade.

Se uma pessoa de sua família está doente, como você a visualiza? Se a vir doente, é porque não está disciplinando André. Sua percepção ou seu conhecimento espiritual deve ser a visão perfeita de saúde e felicidade. Se sua mãe estiver doente, veja-a em casa. Visualize-a feliz, alegre e livre, transbordando entusiasmo. Assim, estará vendo a verdade a respeito dela.

Você resiste, se ressente ou luta contra as circunstâncias em sua casa ou seu trabalho? Em caso afirmativo, é porque não está chamando André para o discipulado. Ao se desapegar do problema e se concentrar na solução, na saída, ciente de que

Seus 12 poderes

tem o apoio de um poder Onipotente, você está a caminho de dominar esse poder.

• • •

Todas essas faculdades estão dentro de nós, lembre-se, assim como o zodíaco está dentro de nós. Os 12 filhos de Jacó estão dentro de nós, assim como os 12 discípulos. Pedro é o segundo discípulo ou faculdade da mente. Ele simboliza a rocha da verdade, uma imutável convicção do bem. Pedro é a faculdade mental que percebe que Deus o habita, caminha e fala através dele.

Pedro é o tipo de mente que sabe que o *Eu Sou* que está dentro de nós é Deus, e não existe outro Deus. Pedro é fiel até o fim. Ou seja, somos fiéis a cada passo do caminho, sabendo que a onipotência se move em nosso favor e "Não há quem lhe possa deter a mão, nem lhe dizer: Que fazes?" (DANIEL 4:35)

Acaso você diz ao ideal ou ao desejo que murmura em seu coração: "Estou velho demais, não tenho dinheiro suficiente, não conheço as pessoas certas"? Diz, por exemplo, que, devido às condições, à inflação, ao atual governo, aos eventos ou às circunstâncias, "é impossível eu realizar meu objetivo"?

Se assim for, você não está disciplinando Pedro; na verdade, está roubando de si mesmo a alegria de vivenciar seu ideal. A faculdade da fé chamada Pedro não conhece obstáculos e não reconhece nenhum mestre ou Senhor que não sua própria consciência: "Eu sou o Senhor, este é o meu nome; a minha glória, pois, não a darei a outrem, nem a minha honra, às imagens de escultura." (ISAÍAS 42:8)

Seus superpoderes

Acaso você ora um pouco, logo desiste e diz: "Eu tentei, mas não funciona"? Se faz isso, deve começar agora a chamar Pedro ao discipulado, e, assim, realizará o desejo que seu coração tanto acalenta. Pedro é fé a cada passo do caminho, fé nas leis criativas da vida, fé na bondade de Deus na terra dos vivos, fé na grande verdade de que sabemos que nosso próprio pensamento é criativo. Nós atraímos aquilo que sentimos; aquilo que imaginamos, nós nos tornamos.

Não estamos falando de fé em credos, dogmas ou tradições. Pedro, como aprendemos, negou seu Senhor três vezes. "Em verdade te digo que hoje, nesta noite, antes que duas vezes cante o galo, tu me negarás três vezes." (MARCOS 14:30) Significa que negaremos qualquer homem como nosso mestre. Não reconheceremos nenhum homem como mestre, nem seremos leais a ele ou a nenhuma igreja nesta Terra, apenas a Deus.

O galo cantar é símbolo do amanhecer, nascimento ou luz. Também é um símbolo de vitória, de triunfo, de convicção. Três representa também a convicção. Se estivermos absolutamente convencidos de que nossa própria consciência — Eu Sou — é o Senhor dentro de nós, e que não existe outro Senhor, não daremos lealdade alguma a nenhum homem ou instituição, credo ou dogma. Nossa lealdade total estará na presença de Deus dentro de nós, e não conheceremos nenhum outro Deus.

Onde está sua fé? Sua fé está na inteligência infinita que há dentro de você, no poder supremo? Se a resposta for sim, está chamando Pedro para o discipulado.

• • •

Tiago é o juiz virtuoso. "Como manto e turbante era a minha equidade" (Jó 29:14), afirmou ele. Isso significa que, quando começamos a disciplinar a faculdade chamada Tiago, decretamos totalidade, plenitude e perfeição. Nosso julgamento, ou seja, nossa convicção, é como um manto baseado na verdade, o diadema baseado na beleza e perfeição.

Nós nos perguntamos: "Como é a vida em Deus no Céu?" Tudo é harmonia, paz, alegria, abundância, segurança, ação correta, pois é o espírito infinito dentro de nós, onde tudo é bem-aventurança. Assim, nosso veredito é baseado em harmonia, saúde e paz.

"Pois, com o critério com que julgardes, sereis julgados; e, com a medida com que tiverdes medido, vos medirão também." (MATEUS 7:2) A decisão ou conclusão a que chegamos sobre uma pessoa qualquer é o pensamento que criamos em nossa própria mente, nosso corpo e nossas circunstâncias. É por isso que não devemos julgar, porque da mesma forma com que julgamos somos julgados. Em outras palavras, criamos certa ideia em nossa própria mente porque pensamos nessa ideia e a sentimos.

Você condena ou critica as falhas alheias e se detém nelas? Caso faça isso, você não está chamando Tiago para o discipulado; está, na verdade, construindo essas qualidades negativas dentro de si mesmo. Nós desempenhamos aquilo que condenamos. Nós nos tornamos aquilo que condenamos. Olhe ao redor e você verá muita evidência disso.

Acaso você é incapaz de ouvir coisas desagradáveis sobre outra pessoa? Você ouve e percebe apenas o bem no outro? Aquele que estuda a verdade disciplinando Tiago nunca fofoca, critica, condena, difama nem encontra defeitos nas pessoas. Se ouve uma fofoca e é verdade, o estudante a rejeita mentalmente. Ele jamais comenta a esse respeito.

Diz a Bíblia: "Nenhum de vós pense mal no seu coração contra o seu próximo, nem ame o juramento falso, porque a todas estas coisas eu aborreço, diz o Senhor." (Zacarias 8:17) Comece a chamar essa competência para o discipulado. Tiago é o juiz justo, o pensamento certo, o sentimento certo baseado em leis e princípios universais, baseado na verdade eterna.

Onde não há opinião, não há sofrimento. Onde não há julgamento, não há dor. Se o pepino estiver amargo, não o coma. Se houver espinheiros na estrada, evite-os. Nosso julgamento é nossa própria conclusão em nossa mente, e a medida que usarmos para julgar outrem será a mesma com a qual seremos julgados. Tudo aquilo que emanamos retorna para nós.

Se enviamos ressentimento, antagonismo e hostilidade, se pensamos e sentimos tais coisas, acabamos por preparar recipientes de veneno em nosso subconsciente, provocando devastação em nossa própria vida. Portanto, ao abençoarmos outras pessoas, ao vermos a presença de Deus nelas e evocarmos essa presença, estamos, na verdade, sendo egoístas, porque estamos abençoando a nós mesmos.

• • •

João é a personificação do amor. O amor liberta. O amor doa. É o espírito de Deus. O amor não tem altura nem profundidade, nem comprimento nem largura. Ele não vem nem vai, e preenche todo o espaço. Os antigos diziam que o mundo foi moldado sobre os ombros do amor.

Quando amamos alguém, não fazemos algo que não seja amoroso. O amor é gentil, não se vangloria, não se envaidece. Amor não é possessividade. Amor não é ciúme. Amor não é ressentimento. Amor é confiança. Ao olhar nos olhos de sua mãe, você vê amor ali. Você confia nela. Acaso confia em sua esposa ou seu marido? Você vê Deus neles?

Se você ama sua esposa, ama vê-la como ela deve ser: feliz, alegre e livre. Se você ama seu marido, ama vê-lo bem-sucedido, feliz, alegre, iluminado, inspirado. Você ama ver todas as qualidades de Deus ressuscitadas dentro de seu marido e ora por ele. Da mesma forma, você ora por sua esposa. Você se identifica com Deus no outro e exalta Sua presença nele. Isso é amar o outro.

"Sabemos que todas as coisas cooperam para o bem daqueles que amam a Deus, daqueles que são chamados segundo o seu propósito." (ROMANOS 8:28) Amar a Deus significa dar nossa fidelidade, lealdade e devoção à única presença e ao único poder: o espírito vivo dentro de nós. No momento em que damos fidelidade a galhos ou pedras ou a qualquer coisa criada, colocamos um homem em um pedestal, adoramos as estrelas, o Sol, a Lua ou qualquer coisa criada, deixamos de amar a Deus. Deixamos de ser leais à única presença, ao único poder, pois amor é lealdade.

"Eu sou o Senhor, e não há outro [...] Para que se saiba, até ao nascente do sol e até ao poente, que além de mim não há outro; eu sou o Senhor, e não há outro." (ISAÍAS 45:5-6) Portanto, não dê poder a nenhuma coisa criada. Quem ama a Deus não dá

Seus superpoderes

poder ao mundo dos fenômenos. Não dá poder a algo criado; mas sim ao Criador.

Acaso está dando toda a sua fidelidade, devoção, lealdade e reconhecimento à única presença, ao espírito vivo dentro de você? Ou está dando poder aos outros para que o perturbem? Está dando poder ao clima? Quando alguém espirra, você dá poder aos germes? Se a resposta for sim, é porque não está amando João. Você não está amando essa faculdade dentro de si mesmo.

Deus e o bem são idênticos e sinônimos em todas as escrituras sagradas. Quando nos apaixonamos por qualidades e atributos como honestidade, integridade, sucesso, paz, paciência e justiça, quando amamos a verdade pela verdade, estamos amando Deus e o bem, pois essas palavras são sinônimas.

Você tem medo do futuro? Está preocupado com sua família, seus amigos ou negócios? Em outras palavras, está infeliz? Se estiver, pode ter certeza de que não está amando Deus ou o bem. Quando ocupamos nossa mente com os princípios de harmonia, ação correta, beleza, amor, paz e boa vontade, essas ideias se aprofundam em nosso subconsciente, que traz essas qualidades para a tela do espaço, pois tudo aquilo que está impresso no subconsciente surge como forma, função, experiência e evento.

Se sentimos medo, preocupação ou receio de não ter o suficiente, é porque estamos emocionalmente apegados à escassez. "Aquilo que temo me sobrevém, e o que receio me acontece." (Jó 3:25) Você tem medo do fracasso? Se tiver, você atrairá o fracasso.

Você guarda rancor de algum ser vivo? Em caso afirmativo, não está chamando João para o discipulado, pois João é amor. Se isso for verdade, não está controlando João. Não está chamando essa faculdade para o discipulado, porque, quando a disciplinamos, ela opera maravilhas em nossa vida. Ela se torna nossa serva; mas, se for indisciplinada, será como uma turba rebelde.

Para levar João ao discipulado, devemos perdoar o outro. E devemos perdoar a nós mesmos por abrigar pensamentos negativos e destrutivos. Caso contrário, não há amor em nosso coração. Ame o outro regozijando-se porque a pessoa que você diz que o injustiçou ou enganou está vivendo alegremente e feliz, porque a luz de Deus brilha nela.

Afirme que a lei de Deus funciona para ela, através dela e ao redor dela, e que a paz preenche sua mente, seu corpo e suas vicissitudes. Irradie amor, paz e boa vontade para ela. Deseje a ela todas as bênçãos da vida. Ao fazer isso, compreendemos que o amor é o cumprimento da lei, pois o amor é boa vontade. É uma expansão do coração. Devemos amar o outro, não precisamos gostar do outro.

Não precisamos convidá-lo a ir à nossa casa ou nos associar a ele, mas precisamos amá-lo no sentido de desejar-lhe saúde, felicidade, paz e todas as bênçãos da vida. Isso é muito simples. E é um ato egoísta, porque, fazendo isso, abençoamos a nós mesmos. Pensamos nessas coisas, meditamos sobre elas e criamos essas qualidades em nossa mente, nosso corpo e nossas circunstâncias. Você é capaz de se alegrar ao ouvir boas notícias sobre o dito inimigo? Se não for, é porque não está no comando dessa faculdade. Se não consegue incorporar seu ideal, é porque não está disciplinando João, pois João é apego emocional.

Seus superpoderes

Sabemos que podemos nos apaixonar por música, harmonia, eletrônica. Einstein disse que era apaixonado pelo princípio da matemática. Thomas Edison era apaixonado pelo princípio da eletricidade, e ela lhe revelou todos os seus segredos, além de inúmeras invenções. Ele dizia que as captava no ar. "No ar" significa do espírito que o habitava.

Lembre-se de que o amor liberta, o amor doa. É o espírito de Deus. O amor não é chantagem emocional, e, se você controla o horário em que seu marido ou sua esposa chega em casa, não há amor nesse lar. Isso é aceitável em uma indústria, onde marcamos o ponto às 9h da manhã, mas não faz parte de um lar onde reina o amor supremo.

Não existe amor sem disciplina, não existe disciplina sem amor. Portanto, se ama seus filhos, você os disciplina. Você verá que eles se conformarão à Regra de Ouro e à lei do amor, pois não há amor sem disciplina.

Também não existe amor sem sabedoria. Sabedoria é a consciência da presença e do poder de Deus; é ter essas grandes verdades eternas de Deus em nossa mente, nosso corpo e nossas circunstâncias.

• • •

Filipe representa, metafisicamente, um amante de cavalos. Um adestrador de cavalos é firme, mas gentil. Não bate no animal, apenas mostra quem é o mestre. O adestrador é persistente; tem qualidades que tantas pessoas não têm, ou seja, tenacidade, determinação, perseverança até o fim.

"Aquele, porém, que perseverar até o fim, esse será salvo" (Mateus 24:13), isso significa que a solução virá para o homem que firmemente dá sua atenção, devoção e lealdade à sua ideia, a seu sonho, à sua aspiração. Ele se recusa a aceitar um não como resposta.

O adestrador de cavalos é disciplinado. Ele é determinado, mas benevolente. Ele joga o cavalo no chão e amarra suas pernas com uma corda. Fala com o cavalo e lhe mostra que é o seu mestre. Diz ao cavalo: "Você vai me obedecer. Eu vou montar em você. Você vai ficar dócil e calmo. Vai se tornar meu servo." O cavalo é compelido, e a mente subconsciente está sujeita à mente consciente. A mente consciente controla o subconsciente.

Por isso o homem tem domínio sobre os animais. Por isso é capaz, por exemplo, de hipnotizar tigres. Os tigres são hipnotizados, então algumas meninas entram na jaula e todos se perguntam como é possível. É porque os tigres estão em estado de sujeição. Estão em estado de transe porque o adestrador os hipnotizou e disse: "Vocês me obedecerão. Vocês estão relaxados. Vocês estão tranquilos."

Passado um tempo, o cavalo percebe que o homem é seu mestre porque pode jogá-lo no chão e amarrá-lo. Chega um momento que o cavalo diz: "Aquele homem é meu mestre." Então o homem pula no lombo do animal e, de maneira dócil, o conduz pela estrada.

O mesmo se aplica a todos os animais. É por essa razão que o homem tem controle. É por isso que ele pode adestrar um leão ou um lobo e ensiná-lo a fazer truques, porque o subjetivo é passível de sugestão. Filipe, portanto, é a faculdade de nossa mente que nos permite usar nosso poder por meio do amor. Assim, conquistamos qualquer situação.

Em um rodeio, às vezes vemos um cavalo desenfreado e indomável. Ninguém consegue montá-lo por mais de poucos segundos. É assim com muitas pessoas. Elas contemplam uma nova ideia, ficam entusiasmadas, mas então alguém as influencia, ou elas ouvem uma notícia desagradável que as faz cair do cavalo.

Por exemplo, uma garota pretendia fazer uma linda viagem à Itália. Tinha planos de visitar uns parentes perto de Roma. Ela contou a algumas amigas e a outras pessoas, e elas disseram: "Ah, não vá para a Itália. Eles odeiam estadunidenses. Os estudantes estão queimando a bandeira e esse tipo de coisa. A comida é horrível e nos hotéis vão tratá-la mal. A situação financeira está muito ruim", e coisas do tipo.

Ela ouviu tudo isso e cancelou a viagem. Ouviu as amigas dizendo que as condições lá eram terríveis, que não havia possibilidade de nadar porque a água estava poluída, que os preços eram absurdos e tudo o mais.

Um tempo depois, algumas amigas suas foram à Itália e tiveram a melhor experiência da vida delas. Veja bem, como havia planejado uma viagem deliciosa, e sem dúvida teria sido maravilhosa, ela viveu na alegre expectativa disso, "Assim como é dentro, é fora". Uma viagem incrível estava reservada para a moça, mas ela permitiu que as sugestões negativas dos outros a jogassem do adorável cavalo que estava montando.

Que nosso ânimo nos leve a Jerusalém. Isso significa que, se mantivermos nosso ânimo, alcançaremos a cidade da paz dentro de nós mesmos. Em outras palavras, é o ânimo sustentado que cria. Temos de ser fiéis em cada passo do caminho, até o fim.

Um adestrador de cavalos é um especialista. Ele ensina aos outros a conduzir o cavalo e a montá-lo também. Um dia, de repente, ele é arremessado por um cavalo específico. O que ele faz? Não diz: "Por que isso aconteceu comigo? O que há de errado comigo? Devo estar perdendo o controle." De forma alguma. Ele pula no lombo do cavalo o mais rápido possível, dá um leve tapinha nas ancas do animal e segue adiante.

Sabe muito bem que, se começasse a tentar se analisar e dissesse: "O que há de errado comigo?", ficaria nervoso, irritado e chateado, e o cavalo perceberia. Ele perderia a calma, por assim dizer; perderia o equilíbrio e a serenidade. Mas é inteligente demais para isso. Não perde um minuto sequer com remorsos e monta no cavalo de novo.

É isso que você faz? Caso seja, você está disciplinando Filipe. É possível influenciá-lo ou fazê-lo mudar de ideia? Sugestões negativas, ridicularização e críticas de outros conseguem derrubar você do cavalo? Se a resposta for sim, você não está disciplinando Filipe.

A morte de um ente querido o deixa desanimado e melancólico, ou você se alegra com o novo aniversário daquele que se foi? Se fica desanimado e melancólico, não está chamando Filipe para o discipulado, mas, se você se alegra com o aniversário do falecido, então está.

• • •

Seus superpoderes

Bartolomeu representa, de acordo com a Concordância, filho daquilo que foi arado, do sulco que foi preparado para a semente. Metafisicamente, representa a imaginação. A imaginação é o que distingue os homens. É o farol de luz no mundo das trevas. Em todas as áreas — seja no governo, nos negócios, na arte, na ciência — buscam-se pessoas com imaginação. O mundo inteiro pode dizer que algo não pode ser feito; o homem com imaginação diz que está feito.

A faculdade da imaginação tem o poder de lançar na tela do espaço, em substância e forma, qualquer ideia que o homem possa conceber. A imaginação disciplinada — a terra arada — é capaz de retratar apenas estados agradáveis e humores aprazíveis. Imaginação e fé são os dois pilares, Joaquim e Boaz, que levam ao santo dos santos dentro de nós.

Chamamos Bartolomeu ao discipulado quando imaginamos a realidade do desejo concretizado. Tudo aquilo que imaginamos e sentimos como verdadeiro, nosso subconsciente aceita e realiza como forma, função, experiência e eventos.

Se alguém fez uma previsão maligna que o assusta e você começa a imaginar e conjurar o mal, é porque não invocou o poder da imaginação. Não imagine o mal para o outro nem para si mesmo. Você imagina que seu filho vai mal na prova ou que algo ruim vai acontecer com os membros de sua família? Mantendo esses padrões negativos, não evocamos essa grande faculdade para o discipulado, pois a imaginação é a oficina de Deus.

Imagine o que é maravilhoso, bonito e honrado. Imagine que você é imensamente bem-sucedido. Imagine que agora está fazendo o que adora, está divinamente feliz, é divinamente próspero.

Uma grande cantora imagina que está diante de uma plateia incrível e que as cadências majestosas de Deus se manifestam por meio dela. Imagina seus entes queridos parabenizando-a. Vê o público e sente a emoção e a alegria de vislumbrar uma luz nos olhos de todos, de ouvir os aplausos. Ela faz tudo isso em sua mente, e tudo isso se aprofunda em seu subconsciente.

A natureza do subconsciente é agir por compulsão, portanto, ela é compelida a ser essa grande cantora, ou uma grande dançarina, seja qual for o caso. Imagine aquilo que é maravilhoso e honrado.

Talvez seu filho pequeno esteja na escola. O que você imagina a respeito dele? Pensa que um caminhão o atropelou, ou que ele caiu no lago, ou que ficou doente, com gripe ou algo do tipo? Não, você sabe que, onde ele está, Deus está, e o amor de Deus o cerca, o envolve e o protege.

Digamos que você seja a mãe, que fecha os olhos e imagina que seu filho volta da escola e lhe conta: "Mãe, a professora me elogiou hoje. Veja que notas ótimas eu tirei."

Você está imaginando o que é maravilhoso e honrado, e é exatamente isso que acontecerá com seu filho, porque você evoca coisas que ainda não são realidade como se já fossem. O invisível se torna visível devido ao que você imagina que o outro vai lhe dizer, porque sente as maravilhas de tudo isso. Ao alegrar-se com isso, na verdade, você invoca o Deus que há dentro dele, porque seu filho nasceu para vencer, para ser bem-sucedido.

Seus superpoderes

Portanto, imagine coisas verdadeiras, gentis, nobres e divinas. Pense nessas coisas. Se for casada, imagine que seu marido chega em casa e lhe conta aquilo que deseja ouvir: que foi promovido ou que arranjou um emprego maravilhoso, seja qual for o caso. Imagine-o lhe contando as coisas que você quer ouvir, que seu dia foi maravilhoso, que você é maravilhosa, que ele a ama muito.

Então, veja a luz nos olhos dele. Veja o sorriso. Note o tom de sua voz e sinta o abraço divino. Sinta a naturalidade, a tangibilidade, as maravilhas de tudo isso. Torne tudo isso real, pois a imaginação é chamada de oficina de Deus. E quero reiterar que a imaginação diferencia os homens. É um farol em um mundo de escuridão.

• • •

Tomé significa articulado ou unido. No estado indisciplinado, representa o homem de mente indecisa, instável em todos os seus caminhos. "Peça-a, porém, com fé, em nada duvidando; pois o que duvida é semelhante à onda do mar, impelida e agitada pelo vento. Não suponha esse homem que alcançará do Senhor alguma coisa; homem de ânimo dobre, inconstante em todos os seus caminhos." (Tiago 1:6-8)

Tomé representa a faculdade de entendimento do homem. "Adquire a sabedoria; sim, com tudo o que possuis, adquire o entendimento." (Provérbios 4:7) Sabedoria é a consciência da presença e do poder de Deus dentro de nós. Entendimento é a aplicação desse conhecimento para resolver os problemas diários e crescer espiritualmente.

Nossa razão e percepção intelectual da verdade são ungidas pelo espírito de Deus. Vamos de glória em glória. Aquele que disciplina essa faculdade é chamado Tomé e está dentro de nós, e sabe que o espírito auto-originador é o Deus de nosso mundo e a sede da causalidade.

Na Bíblia, Tomé toca o corpo. "Contudo, Jesus insistiu: Alguém me tocou, porque senti que de mim saiu poder." (LUCAS 8:46) Isso significa que tocamos a presença de Deus dentro de nós, mental e espiritualmente, e imediatamente a resposta vem. Quando disciplinado, Tomé, essa faculdade que há dentro de nós, rejeita todos os rumores, as mentiras e sugestões que são diferentes da ordem ou da verdade.

Tomé contradiz, rejeita e se recusa a aceitar rumores ou sugestões que se oponham ao que ele sabe ser verdade. Por exemplo, se houver uma epidemia de gripe ou do que quer que seja, ele não se abalará, não se perturbará. Ele sabe que há apenas uma presença, um poder, uma causa e uma substância. Assim, sua oração é: "Eu sou todo saúde. Deus é minha saúde." Ele constrói uma imunidade, anticorpos espirituais, e contraria tudo em que o homem acredita, todas as opiniões do mundo, e tem apenas um Senhor, um poder, uma causa, uma substância.

Você envia seus filhos para algum lugar distante para fugir de uma determinada gripe ou de outra coisa qualquer? Se isso for verdade a seu respeito, você está repleto de medo. Sua fé não está em Deus nem no bem, e você não acredita na onipresença do Senhor. Ao chamar Tomé para o discipulado, percebemos que estamos sempre em nosso verdadeiro lugar, que estamos no lugar secreto do altíssimo, que habitamos à sombra do Todo-Poderoso. Afirmamos que o Senhor é nosso refúgio, nossa fortaleza. "Meu refúgio e meu baluarte, Deus meu, em quem confio." (SALMOS 144:2)

Sabemos que Deus está onde estamos, que ele caminha e fala dentro de nós. Somos a vestimenta de Deus enquanto ele se move pela ilusão do tempo e do espaço. Disciplinamos Tomé quando tocamos a realidade e sabemos que Deus é a única presença, poder, causa e substância.

Portanto, uma praga pode estar varrendo a cidade e você ficará completamente impassível e imperturbável, porque sabe que está selado em Deus e nada poderá tocá-lo. Essa seria uma atitude mental maravilhosa para se desenvolver.

• • •

Mateus representa o dom de Jeová. Representa nosso desejo, e Deus fala ao homem por meio do desejo. Por exemplo, quando estamos doentes, desejamos saúde. Quando estamos com fome, queremos comida; quando estamos presos, queremos liberdade. Quando estamos com sede, ansiamos por água. A realização de nosso desejo seria nosso salvador. Seria a solução para nosso problema.

Portanto, Deus fala conosco por meio do desejo, e há um desejo em nós quando ouvimos o espírito que nos habita, o princípio da vida, clamando: "Venha mais alto. Eu preciso de você." Assim, quando começar a disciplinar Mateus, você dirá:

"Deus me deu este desejo. E ele é bom, muito bom, e o mesmo espírito vivo Todo-Poderoso que me deu este desejo revelará o plano perfeito para seu desdobramento e ordem divina por meio do amor divino."

Você pegará seu desejo e lhe infundirá ânimo, o sustentará, exaltará, elevará em sua mente, elencará todas as razões pelas quais pode realizá-lo, pelas quais é capaz de alcançá-lo. Mas não fale disso com os outros; não conte a ninguém, conforme declara João. Não discuta com os outros sua vida de oração, seus sonhos, suas aspirações, seus planos, seus propósitos.

Pois, se fizer isso, muitas vezes ouvirá as razões pelas quais não pode realizar seus desejos. Então, não diga nada. A oração é uma comunhão silente, um diálogo com nosso eu superior. É um compromisso secreto pelo qual habitamos a realidade de nosso desejo e temos consciência de que o poder do Todo-Poderoso se move a nosso favor, que o desejo se concretizará em ordem divina por meio do amor divino, assim como acontece quando colocamos uma semente no solo. A semente sofre dissolução, legando sua energia a outra forma de si mesma.

Da mesma forma, quando envolvemos nosso desejo com fé e confiança, sabendo que existe um Todo-Poderoso que o fará acontecer, ele é depositado em nossa mente subconscientemente. Ele morrerá como desejo e surgirá como a alegria da prece atendida.

Acaso você diz: "Estou velho demais; falta-me inteligência; é tarde demais; não tenho chance"? Acaso aceita o veredito do médico ou a crença das massas? Ou se recolhe dentro de si e afirma como a Maria de antigamente: "A minha alma engrandece ao Senhor"? (Lucas 1:46)

Seus superpoderes

Ao se recolher em seu silêncio interior, você amplia, amplifica a possibilidade de realizar esse desejo, de dar à luz sua ideia, seu sonho ou sua aspiração. Alimente essa possibilidade, sustente-a, exalte-a, ame-a, corteje-a e, gradualmente, conforme caminhar com ela, você condicionará sua mente, saberá que o Todo-Poderoso o apoia. Seu desejo se aprofundará em seu subconsciente, onde morrerá; e, quando morrer, como eu disse, surgirá a alegria da prece atendida.

Quando rejeitamos nosso desejo, o dom com que Deus nos abençoa no mundo, não estamos chamando Mateus para o discipulado. Pois o desejo de ser um grande artista, ou um grande cantor, ou um grande pianista, ou seja qual for o caso, quando persiste, é o verdadeiro desejo, tenha certeza. E, se tiver um desejo intenso de pintar, cantar ou tocar, significa que o talento existe. E, quando o talento existe, há também o caminho.

Você pode fazer uma semente brotar. O carvalho já está no gérmen, mas é preciso depositá-lo no solo. O arquétipo, o padrão, já está lá. O gérmen morre no solo e atrai tudo de que precisa para seu desenvolvimento. Da mesma forma, você sabe, quando entrega seu pedido à mente mais profunda, ao seu inconsciente cheio de sabedoria e inteligência, onde está o *know-how* para a concretização.

Você está em paz. Não está mais ansioso nem preocupado. Não fica dizendo como, quando e onde, ou "Quanto tempo, Senhor, quanto tempo?". Ao fazermos isso, não estamos disciplinando Mateus, pois Mateus confia na presença de Deus assim como delegamos uma tarefa a um funcionário.

Seus 12 poderes

Se você é um bom executivo, não se intromete naquilo que pede a outra pessoa para fazer, não é? Você confia no outro. Você lhe deu uma tarefa; a pessoa é capaz, é competente. Da mesma forma, aquilo que imprimir em sua mente subconsciente moverá céus e terra para se realizar, mas toda a sabedoria do infinito está dentro de você.

• • •

Tiago Menor representa a faculdade da ordem, uma mente organizada. Ordem é a primeira lei do Céu. Quando estamos em paz em nossa mente, quando encontramos paz em casa, nos negócios e no restante de nossas questões, então estamos chamando essa faculdade para o discipulado. Tiago Menor também é denominado de discernimento ou discriminação. Também representa a clarividência, clariaudiência ou percepção da verdade sobre qualquer coisa.

Quimby, o pai da metafísica nos Estados Unidos e o curandeiro mais conhecido do país, tinha a qualidade do discernimento altamente desenvolvida. Ele era capaz de diagnosticar e interpretar todas as causas das doenças ou enfermidades de seus pacientes. Sem que precisassem dizer nada, ele via a causa das doenças, independentemente de qual fosse — tuberculose, câncer, cegueira, insanidade etc.

Ele apontava onde estavam suas dores e seus sofrimentos, e os padrões mentais que os justificavam. Mais de sessenta por cento de seus pacientes estavam doentes por causa de crenças religiosas em um Deus punitivo, uma crença no Inferno, na condenação, por achar que eram pecadores e coisas do gênero.

Hoje, vamos ao médico e lhe contamos todos os nossos sintomas, onde estão localizados e assim por diante, mas Quimby fazia o inverso. Ele dizia aos pacientes a causa da doença e onde se localizava, e eles ficavam maravilhados diante de tamanha capacidade. Ele simplesmente sintonizava com a mente subconsciente de seus pacientes e subjetivamente via seus padrões mentais. Sua explicação era a cura.

Quimby era clarividente. Quando a faculdade da clarividência está completamente desenvolvida, a pessoa vê a divindade por trás da forma, a verdade por trás da máscara. Contempla a realidade e percebe a presença de Deus em todos os lugares.

Como Quimby se tornou clarividente? Descartando todas as crenças teológicas que aprendeu quando era jovem. Ele rejeitou todas as opiniões do homem e reconheceu que havia apenas uma presença e um poder dentro de si. Um livro que recomendo é *A magia do poder extrassensorial* que trata da percepção extrassensorial. Nele, mostro como desenvolver tais faculdades.

Acaso você culpa o governo, as condições externas, a família ou seus empregadores pelos problemas ou pelas limitações que enfrenta? É fácil culpar os outros. Acaso você é capaz de interpretar o que vê? Você julga pela aparência? A aparência objetiva nem sempre é verdadeira.

Chame Tiago Menor para o discipulado. "Fará sobressair a tua justiça como a luz e o teu direito, como o sol ao meio-dia." (SALMOS 37:6) O meio-dia não lança sombras. Nenhuma sombra deve cruzar nosso caminho. O mundo de confusão será rejeitado. Nosso julgamento será a justiça, que é totalidade e perfeição, Deus perfeito, homem perfeito e ser perfeito.

Nosso julgamento se baseia na verdade de Deus, assim como a de um engenheiro. Em que o engenheiro baseia seu julgamento? Nas leis de estresse, tensão, pressão e no princípio da matemática. Portanto, ele pode afirmar que um trem pesando tantas toneladas pode passar por determinada ponte. Tudo é computado matematicamente, tudo é feito cientificamente. Ele julga com justiça segundo princípios e leis universais.

Nada nos trará paz, a não ser o triunfo dos princípios, e nossa mente é um princípio. Se pensamos no bem, surge o bem. Se pensamos no mal, surge o mal.

Se você deseja desenvolver as faculdades da visão e da audição dentro de si — a clarividência e a clariaudiência —, diga a si mesmo:

> Eu vejo a verdade. Eu amo a verdade. Eu conheço a verdade. Eu me regozijo na verdade. De dia e de noite, vejo mais e mais verdades de Deus em todos os sentidos, espiritual, mental e materialmente. O espírito da verdade me leva a toda a verdade.

Perceba que você é iluminado do alto. O espírito do Deus Todo-Poderoso se move nas águas de sua mente. Todas as suas faculdades são iluminadas do alto. A luz de Deus brilha em todos os lugares sombrios de sua mente. "O povo que jazia em trevas viu grande luz, e aos que viviam na região e sombra da morte resplandeceu-lhes a luz." (MATEUS 4:16)

Seus superpoderes

A sabedoria de Deus unge nosso intelecto. "Lâmpada para os meus pés é a tua palavra e, luz para os meus caminhos." (SALMOS 119:105) Vemos mais e mais da verdade de Deus a cada momento do dia. Vemos a divindade por trás da forma e a verdade por trás da máscara. Assim, estamos disciplinando Tiago Menor. Intuitivamente, percebemos as grandes verdades de Deus sem nenhum processo ou raciocínio consciente.

• • •

Tadeu significa do coração, caloroso e louvor. Tadeu representa o humor exaltado e o estado feliz e alegre. "E eu, quando for levantado da terra, atrairei todos a mim mesmo." (JOÃO 12:32) Se pegarmos uma ideia e a elevarmos a tal ponto de aceitação ou convicção em nossa mente, a manifestação virá até nós. Ela aparecerá na tela do espaço, pois tudo que aceitarmos completamente em nossa mente acontecerá.

Essa é a atitude da mente do homem que está disciplinando Tadeu. Ou seja: louvor, exaltação. A Bíblia diz: "Entrai por suas portas com ações de graças e nos seus átrios, com hinos de louvor; rendei-lhe graças e bendizei-lhe o nome." (SALMOS 100:4)

É uma qualidade que, infelizmente, falta na mente de milhões de pessoas. Você elogia seu filho por uma tarefa bem-feita? Elogia seu assistente ou colaborador por um trabalho maravilhoso e construtivo? Seria maravilhoso fazer isso. Você elogia a garçonete pelo excelente serviço que lhe prestou?

Exalte Deus dentro do outro. Se você tem um filho ou uma filha, pode exaltar Deus dentro da criança. Por exemplo, a menina está na escola, mas você pode dizer: "A sabedoria de Deus unge a mente de minha filha. Ela está crescendo em graça e sabedoria, verdade e beleza. O amor de Deus brota dentro dela. A paz de Deus inunda sua mente. Ela é iluminada do alto."

Se você tem um filho pequeno, pode perceber que a inteligência infinita está dentro dele, guiando-o e o direcionando, revelando-lhe seus talentos ocultos, mostrando-lhe o caminho que deve seguir, fazendo-o sentir que o amor, a luz e a glória do infinito o animam, sustentam e fortalecem, e que ele é filho de Deus, expressando mais e mais Deus a cada dia.

Assim, você está louvando, exaltando e elevando Deus no menino, e ele se tornará para você aquilo que você concebe para ele. Seu filho cumprirá sua convicção sobre ele. "Jamais vi o justo desamparado, nem a sua descendência a mendigar o pão." (SALMOS 37:25) Os justos são aqueles que pensam corretamente, sentem corretamente, agem corretamente e usam a lei da maneira correta.

Nós elevamos os outros quando nos regozijamos porque eles possuem e expressam tudo que desejamos vê-los expressar. Podemos elogiar as flores que são cultivadas há centenas de milhares de anos e elas crescerão lindamente. Peça ao pequeno gerânio que se curve e o beije e ele o fará. Ele crescerá em sua direção para que você possa beijá-lo, assim como um cachorro pulará em seu colo quando você mostrar que vai acariciá-lo.

Acaso você eleva os outros em consciência e os vê como devem ser vistos? Vê os homens como pessoas marginalizadas? Se isso for verdade, você os veste com trapos, mas o chamado "mendigo" é um rei caminhando na estrada real. Vista-o com

Seus superpoderes

as vestes da salvação. Vista-o com as vestes da retidão. Perceba que as riquezas de Deus fluem por meio dele, que ele é iluminado do alto.

Se tivermos uma grande convicção, o mendigo será transformado. Ele não estará na esquina amanhã. Este é um exemplo de chamar Tadeu para o discipulado. Os antigos disseram que Tadeu seguiu em frente, com o pescoço e a cabeça banhados com óleo. O óleo representa iluminação e inspiração. Representa a luz de Deus. Eles disseram que todos que o tocaram permaneceram inteiros, que ele seguiu em frente com o louvor a Deus para sempre em seus lábios. O louvor irradia, glorifica e embeleza os poderes internos do homem, que assimilam Tadeu e andam pela Terra sempre enaltecendo a Deus. Agindo assim, estaremos de fato chamando Tadeu para o discipulado.

Ocorrerá o mesmo se agradecermos pelas bênçãos que alcançamos, valorizando o que há de bom. O lar extraordinário, a bênção que é seu marido, sua esposa, seus filhos, sua saúde, sua visão. Há pessoas que não conseguem ver, outras que não conseguem ouvir. Agradeça por todas as bênçãos maravilhosas que tem agora e exalte Deus que está em você; que Ele possa curar.

Assim, você verá que seu subconsciente ampliará sobremaneira seu êxito e maravilhas acontecerão em sua vida. "Pai, graças te dou, por me haveres ouvido." (João 11:41) Disseram os poetas antigos: "Oh, Deus, dai-me mais uma coisa: um coração grato."* Louvor e gratidão são qualidades maravilhosas.

---

* Frase de São Tomás de Aquino.

Seus 12 poderes

• • •

Outro discípulo é Simão, o Cananeu. Simão significa ouvir, encorajar. Representa alguém que escuta e obedece à voz daquele que é eterno. Simão é "ouvir", Canaã é a Terra Prometida. A Terra Prometida é a realização dos desejos de seu coração, a fruição de suas ideias.

Quando um cientista cria uma invenção, assim que ela surge, torna-se objeto e se manifesta, ele alcançou a Terra Prometida, não é? Quando disciplinamos essa faculdade, buscamos e esperamos orientação espiritual e iluminação diretamente da fonte divina. Ficamos em silêncio e ouvimos a voz, a vibração dentro de nós que brota e diz: "Este é o caminho, andai nele." (ISAÍAS 30:21)

Simão também é o homem que leva o cântaro de água; você é instruído a seguir esse homem e ele o levará a um cenáculo onde tudo está preparado. O que é esse cenáculo? É a presença de Deus em você, o espírito vivo Todo-Poderoso. Ele nunca nasceu, nunca morrerá. "A água não o molha, o fogo não o queima, o vento não o leva embora."*

O amor nunca nasceu e nunca morrerá. Ele nunca envelhece. A graça nunca envelhece. A alegria e a beleza nunca envelhecem. O riso nunca envelhece. São qualidades eternas. A harmonia sempre foi, é e sempre será. Essas são qualidades, atributos e potências de Deus.

O Reino dos Céus está próximo, e as obras estão terminadas desde o princípio dos tempos. "Todas as coisas estão prontas

---

* Bhagavad Gita (Capítulo II, 16-26).

Seus superpoderes

se a mente está", pois as obras estão terminadas. O reino está terminado. Independentemente do que buscamos, já está pronto, porque "antes que clamem, eu responderei; estando eles ainda falando, eu os ouvirei" (ISAÍAS 65:24).

Portanto, não importa qual seja a pergunta, a resposta já existe. A resposta existe, seja para o cientista, para o homem perdido na floresta ou para o médico que busca uma cura. A resposta já existe. Por isso é um insulto à divindade que nos habita implorar, suplicar, rogar. Por isso nos dirigimos corajosamente ao trono da graça. Reivindicamos nosso bem, que nos foi dado desde o princípio dos tempos.

Por isso, entramos naquele cenáculo e percebemos que a harmonia *é*. Não diga: "Leva muito tempo para obter uma cura", pois seria dizer que Deus leva muito tempo para curar. Não diga: "Um dia serei feliz e um dia terei paz." O Deus da paz está dentro de você. Sintonize-se com o Deus da paz e deixe que o rio da paz flua através de você agora. Não diga: "Um dia terei amor." O Deus do amor está dentro de você. Abra sua mente e seu coração e deixe que o amor de Deus flua através de você. A resposta é agora, pois Deus, seu bem, é o eterno agora.

Simão, o Cananeu, pode ser resumido como receptividade. Pois a voz interior da sabedoria, da verdade e da beleza nos leva à terra de Canaã, a Terra Prometida, a realização da harmonia, saúde e paz.

Ouvimos apenas boas novas sobre nós mesmos e os outros. Esperamos o melhor e, invariavelmente, o melhor vem até nós porque o esperamos. O homem que disciplina sua faculdade mental vive em um estado de alegre expectativa. O melhor invariavelmente chega a ele.

A palavra de Deus vai à frente desse homem como uma coluna de nuvem para guiá-lo no caminho; e, à noite, como uma coluna de fogo para lhe dar luz. De dia e de noite.

Acaso você fofoca, analisa os outros, critica-os e se entrega à maledicência? Essas qualidades negativas impedem que você controle e discipline essa importante faculdade da mente. Você ouve e sente apenas o que é melhor para os outros? Se for capaz disso, não se desvie, não desfaleça, pois essa presença e esse poder o levarão a uma terra de fartura, onde flui o leite da vida eterna e o mel da sabedoria imaculada.

"E o Senhor ia adiante deles, de dia numa coluna de nuvem para os guiar pelo caminho, e de noite numa coluna de fogo para os iluminar, para que caminhassem de dia e de noite." (ÊXODO 13:21-22) Quando vagavam pelo deserto, os antigos carregavam consigo um objeto metálico dentro do qual colocavam carvão. Quando alguém se perdia durante o dia, via a fumaça e a seguia. À noite, as faíscas voavam, e mesmo estando perdidos, viam-nas e seguiam em direção a elas.

Isso tem um significado mais profundo. Durante o dia, quando as nuvens ficam saturadas, caem como chuva. "Farei descer a chuva a seu tempo, serão chuvas de bênçãos." (EZEQUIEL 34:26) Significa andar com a consciência da presença de Deus. O amor de Deus nos cerca, nos envolve. O amor divino que vai à nossa frente é a coluna de nuvem.

A coluna representa uma fixa convicção na presença de Deus. Ela nos guia no caminho porque "o Senhor é quem vai adiante de ti; ele será contigo, não te deixará, nem te desamparará" (DEUTERONÔMIO 31:8). À noite, mesmo que você esteja na cama

Seus superpoderes

dormindo profundamente, Deus se fará conhecido em uma visão e lhe falará em sonhos.

• • •

Judas representa limitação, o senso de necessidade, desejo ou forças vitais não redimidas. Não tem nada a ver com um homem especificamente; não é um homem de forma alguma. Todos nós nascemos com Judas, porque é a única maneira que temos de nos desenvolver e nos descobrir. Precisamos enfrentar problemas, desafios e dificuldades, pois, caso contrário, nunca conheceríamos nossa divindade. Nós não nascemos totalmente prontos. Deus se torna homem por Sua crença em ser homem. Deus se limita por Sua crença em ser homem. Portanto, você é Deus caminhando na Terra.

Nós temos um corpo; somos limitados. Nascemos dentro daquilo que a mente representa. Nascemos no mundo no qual somos conscientes de limites, tempo, distância e outras restrições. Estamos cientes dos opostos, somos seres sensoriais. Temos sensações, existe a noite e o dia, abundância e escassez, dentro e fora, doce e azedo. Existem as comparações e assim por diante.

"Estavas no Éden, jardim de Deus; de todas as pedras preciosas te cobrias." (EZEQUIEL 28:13) Todos nós estávamos, em algum momento, em um estado sem desejos. Estávamos no espírito vivo Todo-Poderoso. Então, nascemos no mundo tridimensional e temos desejos. Não conseguir realizar nossos desejos, as esperanças que acalentamos e nossos ideais é a causa de nossa frustração.

A falta de entendimento fez com que os homens cobiçassem, odiassem e cultivassem a ganância por propriedade, território, posses e terras de outras pessoas. Judas carregava a bolsa de dinheiro, o senso de necessidade ou limitação. Quando disciplinamos essa faculdade, ela se torna uma das maiores de todos os discípulos, pois revela o eu divino, a verdade que nos liberta.

Aprendemos que Judas traiu Jesus. Isso é uma parábola, uma alegoria. *Trair* na Bíblia significa revelar; dessa forma, devo saber seu segredo. O segredo é a presença de Deus em nós. Cada problema revela sua própria solução na forma de um desejo. Até uma criança pode ver isso.

Judas é necessário para a dramatização. "Não vos escolhi eu em número de doze? Contudo, um de vós é diabo" (JOÃO 6:70); isso representa a limitação. Não podemos nos livrar dela porque é necessária para nosso desenvolvimento, mas é por meio de nossos problemas que descobrimos a presença de Deus, nosso salvador, dentro de nós. A alegria está em superar os obstáculos. Quando aceitamos nosso desejo, sua realização é o nosso Jesus, ou seja, a solução para nosso problema. Tudo isso é simbólico.

Judas morre ou comete suicídio, e o salvador, ou a oração atendida, é revelada ou manifestada. Disciplinamos Judas quando nos rendemos ao influxo do amor divino e nos consagramos à pureza do propósito. Quando percebemos nossa unidade com toda a humanidade, morremos para todas as falsas crenças do mundo. Quando abandonamos toda essa lavagem cerebral e as falsas crenças que foram inculcadas em nossa cabeça, o amor divino supera todos os problemas e devolve o homem a seu estado puro e original.

Seus superpoderes

Acaso você tem algum preconceito político-religioso, salvadores pessoais ou coisas dessa natureza? Você menospreza os outros e diz: "É uma pena que não sejam cristãos?" Se a resposta for sim, você não está disciplinando essa faculdade, pois a Deus não interessa as pessoas em particular, Ele não sabe nada de judeus ou cristãos. "Dessarte, não pode haver judeu nem grego [...]" (GÁLATAS 3:28), não há hindu nem nada mais. Apenas a realidade sempre fluindo, fluindo pela eternidade.

Você gosta de preservar seus preconceitos? Se isso for verdade, não está disciplinando Judas, porque Judas significa apego, que é a indiferença divina. É o laço que corta. Se você se desapegar de todas essas crenças, perceberá que existe apenas um Deus, o Pai de todos, e somos todos filhos de Deus.

O amor é aquilo que nos conecta ao nosso bem; isso significa que tiramos nossa atenção daquilo que não queremos e a focamos no bem que fazemos. Quando morremos para todas as falsas crenças, voltamos ao Jardim de Deus. "Estavas no Éden, jardim de Deus." (EZEQUIEL 28:13)

Quando um homem atingido pela pobreza morre para essa falsa crença, torna-se um multimilionário que emprega milhares de pessoas. O Judas dele cometeu suicídio. Ele morreu para suas falsas crenças sobre Deus e ressuscitou um Deus de opulência.

"Dessarte, não pode haver judeu nem grego; nem escravo nem liberto; nem homem nem mulher[...]" (GÁLATAS 3:28) Assim como o sol se move por todo o zodíaco em seu ciclo, da mesma forma o espírito de Deus deve se mover por nossas 12 faculdades — simbolicamente falando —, inspirando e soprando nelas a vida da presença única e do poder único.

Quando disciplinamos essas faculdades, conscientemente nos tornamos a radiação de Deus e dissolvemos barreiras entre os homens. Tenha em mente que você está aqui para glorificar a Deus e desfrutar Dele para sempre. "Eu te glorifiquei na terra, consumando a obra que me confiaste para fazer; e, agora, glorifica-me, ó Pai, contigo mesmo, com a glória que eu tive junto de ti, antes que houvesse mundo." (João 17:4-5)

O domínio supremo do medo

Você sempre diz a seu subconsciente que eu e meu Pai somos um, que um com Deus é maioria, e se Deus é por mim, quem pode ser contra mim? O princípio da vida está sempre a seu favor. Ele cura um corte em seu dedo. Se você comer algo estragado, ele o fará regurgitar. Se você se queimar, ele reduzirá o edema. Ele lhe dá pele e tecido novos. Ele sempre busca preservá-lo, curá-lo e restaurá-lo. Diga sempre a seu subconsciente que você é divino.

Seu subconsciente quer que você repita isso sempre, pois transmitimos as ideias a ele por repetição, fé e expectativa. Diga isso diversas vezes e perceba que a presença de Deus está dentro de você, que você é uno com ela, que é divino. Você é um filho do Deus vivo. Você é herdeiro de todas as riquezas de Deus e todo o poder do que recebe flui para seu foco de atenção.

Seus superpoderes

Repita isso a si mesmo o tempo todo e, gradualmente, seu subconsciente aceitará essa verdade. Seu subconsciente acreditará nela porque você acredita em sua mente consciente e racional, e tudo em que sua mente consciente acredita de fato, seu subconsciente vai representar e manifestar.

Não hesite, não se equivoque. Seu subconsciente sabe quando você é sincero. Ele sabe quando você realmente acredita, e então responde. Diga a si mesmo o tempo todo que Deus habita em você, que você é divino, que a onipotência se move a seu favor. Repita isso a si mesmo quando for desafiado. Quando tiver qualquer tipo de problema ou dificuldade, diga: "Isto é divinamente superado. O problema está aqui, mas a presença de Deus também está."

Diga isso a si mesmo quando estiver dirigindo, quando for dormir, quando estiver falando com alguém. Perceba que Deus está pensando, falando, agindo por meio de você, e perceba que isso acontece o tempo todo. Quando sentir medo, diga: "A fé em Deus abre a porta de minha mente e não há ninguém lá."

Perceba que você é uno com esse poder divino. Você está alinhado com ele agora, e forças poderosas vêm em seu auxílio. Você é uno com o infinito, com a vida e com todas as coisas. Diz a Bíblia: "Ainda que eu ande pelo vale da sombra da morte, não temerei mal nenhum, porque tu estás comigo; o teu bordão e o teu cajado me consolam. Preparas-me uma mesa na presença dos meus adversários, unges-me a cabeça com óleo; o meu cálice transborda." (SALMOS 23:4-5) Nossa mente é a casa de Deus. É onde andamos e falamos com a inteligência suprema, com essa presença e poder infinitos.

O domínio supremo do medo

Ao sentirmos medo ou nos entregarmos a pensamentos negativos, vibramos em um nível muito baixo.

Quando meditar em um salmo, diga a si mesmo: "O Senhor é meu pastor; nada me faltará" (SALMOS 23:1); ou: "A presença de Deus está onde eu estou." Diga: "Não temerei mal nenhum, porque tu estás comigo" (SALMOS 23:4); ou "Aquele que habita no esconderijo do Altíssimo, à sombra do Onipotente descansará. Direi do Senhor: Ele é o meu Deus, o meu refúgio, a minha fortaleza, e nele confiarei. Porque ele te livrará do laço do passarinheiro, e da peste perniciosa. Ele te cobrirá com as suas penas, e debaixo das suas asas te confiarás; a sua verdade será o teu escudo e broquel." (SALMOS 91:1-4)

Afirme com frequência: "Deus me guia agora. A presença de Deus está comigo." Assim, você está pensando espiritualmente. Seus pensamentos são os pensamentos de Deus, e todo o poder do Senhor flui por meio desse pensamento. Isso é o que significa que um com Deus é maioria, pois o único poder imaterial é seu pensamento, e seu pensamento é criativo. Pense em harmonia, pense no amor infinito fluindo por meio de você, vitalizando, curando, restaurando. Esses pensamentos espirituais têm uma frequência vibracional muito alta.

E quanto aos pensamentos malignos e negativos de medo, mau pressentimento, destruição, desastres e coisas dessa natureza, como quando você diz: "Talvez haja outro terremoto; talvez derrube minha casa"? Em vez disso, declare: "O amor de Deus me cerca e me envolve. A presença de Deus está em minha casa, é a presença de harmonia, beleza, amor e paz. O amor divino satura as paredes, a atmosfera."

Seus superpoderes

Onde quer que estejamos, dormindo ou despertos, andando pelas ruas ou atrás de um balcão, o amor de Deus nos cerca e nos envolve. Estamos imunizados, Deus nos enche; não sentimos medo. Não temos medo de nada do passado, do presente e do futuro. Não temos medo de pessoas, condições ou eventos, pois o Deus eterno é nossa morada, e sob os braços perenes da sabedoria estão a verdade e a beleza.

Estamos imersos na onipresença sagrada. Nela vivemos, nos movemos e temos nosso ser, e a presença de Deus vive, se move e tem seu ser em nós. Agora sim, você vibra em uma frequência espiritual; como se colocasse o dedo em um diapasão, acabando com a vibração negativa ou do medo. É o fim do mal, porque o mal é uma falsa crença sobre o Infinito, e a infinita bondade do Infinito.

Quando sentimos medo, temos mais fé no mal que na presença de Deus. É chocante, mas verdadeiro. O medo é Deus de cabeça para baixo. Você tem fé em que o sol nascerá amanhã de manhã. Tem fé em que pode dirigir seu carro. Tem fé em que suas preces serão atendidas quando orar pedindo orientação, mas muitas pessoas têm fé nas coisas erradas.

Certas pessoas anseiam o infortúnio. Existem pessoas que trabalham e têm medo de seu emprego. Têm medo de perder o dinheiro e do que vai acontecer quando envelhecerem, porque não percebem: "Estou sempre em meu verdadeiro lugar. Deus é a fonte de meu suprimento e todas as minhas necessidades são atendidas a cada momento do tempo e ponto do espaço. Deus é meu suprimento instantâneo e eterno, atende a todas às minhas necessidades. A cada momento do tempo, não importa onde eu

O domínio supremo do medo

esteja, estou sempre empregado e ganhando bem. Estou sempre trabalhando para ele e vivo para sempre."

• • •

Por que se chatear, ficar com raiva ou com medo dos comentários alheios? O que o outro diz contribui para seu sucesso, seu fracasso, sua felicidade ou sua paz? Não. O pensamento de outras pessoas não tem poder. Seu poder está com seus pensamentos de bem.

Se alguém espalha mentiras a seu respeito, você diz: "Estão me prejudicando, estão dizendo mentiras sobre mim." Você sente medo e raiva, mas é por causa da opinião dos outros? Não.

O que governa você, sua crença ou a crença dos outros? Seu pensamento ou o dos outros? Você é dono de sua mente ou permite que os outros o manipulem? Quem pensa por você?

Você toma suas próprias decisões? Seus pensamentos são seus? Caso seja assim, você está no Reino dos Céus. Estar no Reino dos Céus significa ser o rei de seu reino conceitual — que é sua mente. Você tem autoridade. Você tem domínio sobre seus pensamentos e sentimentos, emoções e ações.

Por isso, o Reino dos Céus está dentro de você. Não é um lugar no céu para onde você vai; você já está lá. Por que ser subserviente ao pensamento de outra pessoa? Por que não reverenciar seu próprio pensamento? Seu pensamento é divino. É criativo. É de Deus.

A capacidade do espírito é pensar, e você é um espírito agora e sempre será um espírito. Quando você não foi um espírito?

Seus superpoderes

Quimby afirmou isso em 1845. Tenha um respeito saudável e reverente por seu pensamento, porque ele é sua oração. Você atrai aquilo que sente. Você é aquilo que imagina. É seu pensamento, não o dos outros, que governa você.

Erga-se firme e confiante e diga: "Eu sou uno com o infinito, que jaz estendido, em repouso, sorridente. O finito sozinho apodreceu e sofreu, mas o infinito jaz estendido, em repouso, sorridente."

Toda vez que surgir em você um pensamento de medo, para substituí-lo, diga: "Deus me ama e cuida de mim. Estou cercado pelo círculo sagrado do amor eterno de Deus." Pois, como afirmou Paulo, a armadura de Deus nos cerca e nos envolve, e o amor divino vai adiante de nós, endireitando e aperfeiçoando nosso caminho.

Um piloto me disse certa vez: "Nunca sinto medo quando piloto um avião, seja para o norte, sul, leste ou oeste, pois sou um piloto de Deus. Eu voo para Ele. Eu me sinto tão seguro no céu quanto em terra. Nada pode acontecer comigo. É impossível. Estou sempre cercado pelo círculo sagrado do amor eterno de Deus."

Tenha fé na bondade de Deus, na ação correta do Senhor e na orientação do ser infinito que está dentro de você. Tenha fé no princípio eterno e nas leis imutáveis de Deus. Tenha fé em sua própria mente, porque toda ideia que você alimenta de emoção nutre, sustenta ou exalta em sua mente, se aprofunda em seu subconsciente pelo processo de osmose, onde morre como semente e lega sua energia a outra forma de si mesma.

Qual é a energia que ela lega? A alegria da oração atendida. Porque, afinal, a semente do milho e o trigo precisam morrer

O domínio supremo do medo

para que possamos colhê-los. A semente da maçã precisa morrer para que tenhamos uma maçã. Da mesma forma, seu desejo é uma dádiva de Deus, portanto, Ele não debocha de você. Então, você diz: Deus, que me deu esse desejo, revela o plano perfeito para sua realização. Você contempla o fim.

Fé é atitude mental. Fé é pensamento. Tudo que imprimimos no subconsciente é expresso na tela do espaço. Não há nada na Bíblia que diga que precisamos ter fé no catolicismo, no budismo, judaísmo, hinduísmo, xintoísmo ou qualquer outro *ismo*. Temos fé nas leis criativas de nossa própria mente. Temos fé na bondade de Deus na terra dos vivos. Temos fé em uma inteligência infinita que responde a nosso pensamento. Ela responde a um ateu, a um agnóstico, a qualquer um. Antes de pedirmos, a resposta já está lá. Sempre esteve lá.

Fé é o que você espera, aquilo em que você foca. As coisas que você imagina vividamente vão acontecer. Algumas pessoas têm medo da velhice, mas a idade não é o voo dos anos, e sim o alvorecer da sabedoria.

Alguns têm medo da morte, mas a morte é simplesmente um renascimento. É só isso. Vamos dormir todas as noites. É para lá que vamos quando os homens dizem, em sua ignorância, que estamos mortos.

As pessoas têm medo de coisas que não existem. Você está vivo, e sua vida é a vida de Deus. Você está vivo agora. Deus é vida eterna. Deus vive, portanto, você vive. Deus não pode morrer, portanto, você não pode morrer. Perceba que Deus é seu empregador, e a presença de Deus está sempre cuidando de você.

Seus superpoderes

O grande dançarino diz: "Eu danço para Ele." O grande cantor diz: "Deus canta em cadências majestosas através de mim." Ele comanda esse poder e sabedoria internos. Ele os invoca e o dançarino e o cantor respondem. Naturalmente, recebem honrarias, recebem emolumentos, recebem o louvor de seus semelhantes, mas não os buscam. Eles se voltam para a fonte, e todas essas coisas lhes são acrescentadas.

"Buscai primeiro o Reino de Deus [...]" (JOÃO 3:33) e todas essas coisas, como honras e riquezas, serão acrescentadas a você automaticamente. Nada nunca lhe faltará.

• • •

Quando fizerem uma declaração negativa a seu respeito, lembre-se: "Não temerei mal nenhum, porque tu estás comigo; o teu bordão e o teu cajado me consolam." (SALMOS 23:4) e "No amor não existe medo; antes, o perfeito amor lança fora o medo. Ora, o medo produz tormento; logo, aquele que teme não é aperfeiçoado no amor." (1 JOÃO 4:18)

Uma pessoa medrosa é sempre muito egoísta. Está sempre envolvida em si mesma, pensando apenas na própria segurança. O amor é sempre extrovertido, é uma emanação; mas o medo se volta para dentro, em introspecção mórbida, levando a crer que alguém vai nos machucar ou que espíritos malignos podem nos possuir. Tudo isso é ignorância, e ignorância é o único pecado. Toda punição é consequência dessa ignorância. Ignorância é o único demônio que existe no mundo.

O domínio supremo do medo

Quando uma pessoa acredita em poderes externos, nega a causa única e verdadeira que se move como uma unidade. É o princípio da vida dentro de nós, sempre buscando expressar-se como amor, bem-aventurança, alegria e ação correta.

Quando sentimos medo, somos egoístas da maneira errada. O medo é uma introspecção nociva. Pare de construir um muro ao seu redor pensando: "Vou me machucar." Perceba que Deus *é*, e tudo o que é, é Deus. Compreenda o amor que o cerca e o envolve.

Diga a si mesmo: Deus anda e fala em mim. Sei que sou uno com meu Pai, e meu Pai é Deus. Tenho fé em Deus. Portanto, não temo. "Não temais, ó pequenino rebanho; porque vosso Pai se agradou em dar-vos o seu reino." (LUCAS 12:32)

Perceba que você está cercado pelo amor divino, que o poder de Deus está com seus pensamentos de bem, que você está imerso na única onipresença. Que Deus está com você.

• • •

Temer ao Senhor é o começo da sabedoria. Quando aprendemos as leis da eletricidade, tomamos muito cuidado ao aplicá-las, porque conhecemos as consequências. Quando colocamos a mão em um fio desencapado ou causamos um curto-circuito, sabemos o que ocorre. Aprendemos a teoria sobre isolamento e condutividade, e disso resulta um respeito e uma reverência saudáveis por essas leis. Seguimos a natureza dos princípios.

Da mesma maneira, depois que aprendemos os princípios da química, passamos a ter um respeito muito saudável pela

Seus superpoderes

combinação de substâncias, seu peso atômico, porque sabemos quais seriam as consequências desastrosas de misturar coisas sem saber os resultados. Por exemplo, se misturar ácido nítrico e glicerina, um explosivo poderoso será criado.

Medo é reverência, respeito salutar. Você tem um respeito saudável pela lei de sua mente quando aprende as consequências de usá-la mal, porque sua mente é um princípio. "Nada nos trará paz, a não ser o triunfo dos princípios", disse Emerson.

Você tem um respeito saudável pelo fogo, por isso não coloca o dedo nele. Da mesma forma, quando o homem sabe que sua mente é um princípio, assim como os princípios da química e da física, ele tem um respeito muito saudável pela mente subconsciente. Um princípio não muda. Deus é o espírito vivo dentro de nós, é inteligência infinita e sabedoria sem limites. É a única causa, poder ou substância que há no mundo. É supremo e onipotente. Não há nada que se oponha a ele, nada que o desafie. Nada que o corrompa.

Se existissem dois poderes, haveria duas vontades. Haveria caos em todos os lugares. Não haveria ordem, simetria ou proporção em lugar nenhum. Quando pensamos os pensamentos de Deus, o poder do Senhor está com nossos pensamentos de bem. Podemos sintonizar o infinito. O único poder imaterial que conhecemos é nosso pensamento.

• • •

"No princípio era o Verbo, e o Verbo estava com Deus, e o Verbo era Deus." (João 1:1)

O domínio supremo do medo

O Verbo é um pensamento expresso. Quando você descobre o poder de seu pensamento, descobre Deus nesse sentido, porque seu pensamento é criativo. Não porque é *seu* pensamento, e sim porque é *pensamento*.

Isso pode ser demonstrado por meio da hipnose. Se você encostar um dedo no pescoço de um homem e disser: "Isto é um atiçador em brasa", surgirá uma bolha. Assim, você sabe que seus pensamentos se tornam carne, se manifestam em sua vida. Portanto, é melhor você ter um respeito saudável por seus pensamentos.

A água corre ladeira abaixo. Ela se expande quando congelada. Toma a forma do recipiente no qual for despejada. Essas e muitas outras características determinam os princípios pelos quais a água opera. Sua mente opera da mesma maneira. Se você pensa bem, surge o bem. Se você pensa mal, surge o mal. O mal é o mau uso da lei, uma má interpretação da vida.

Só existe um poder, que é o espírito vivo Todo-Poderoso, que é indiferenciado, indefinido, o espírito auto-originador. Nossa mente é criativa, ou seja, nosso pensamento é criativo. Portanto, se você pensar bem, o bem surgirá. Se pensar mal, surgirá o mal. Se disser: "A presença infinita pode me curar agora", ela lhe responderá.

Você pode dizer: "A inteligência infinita me guia, me dirige e cuida de mim em todos os meus caminhos." Fé é uma atitude mental. Fé é o uso que você faz de sua mente. Perceba que o medo é um pensamento que está em sua mente, criado por você mesmo. Ele não tem realidade, é uma sombra em sua mente. A coisa da qual você tem medo não existe.

Seus superpoderes

Medo é fé na coisa errada. Medo é fé de cabeça para baixo. Medo é Deus de cabeça para baixo. É um conceito distorcido e mórbido da vida. O medo de alguma coisa tem o mesmo efeito fisiológico que teria a coisa em si.

Digamos que um garoto está sentado em uma cadeira e você lhe diz que o bicho-papão está embaixo dela e que vai levá-lo porque ele não é um bom menino. Ele fica paralisado na cadeira, pálido e rígido, porém esse pensamento não é uma realidade. Você então mostra que não há nada embaixo da cadeira, diz a ele que não existe bicho-papão nenhum e o medo passa. Mas teve o mesmo efeito fisiológico e físico que teria o bicho-papão se fosse real.

• • •

Basil King, que escreveu *The Conquest of Fear* [A conquista do medo, em tradução livre], conta que estava ficando cego. Ele era um jovem deprimido e abatido, tinha medo do futuro, da cegueira e da velhice. King conta que se lembra de algo que um professor lhe havia dito anos antes: "O princípio da vida, que é Deus em você, é indestrutível, invulnerável e eterno. Ele sempre dá o recurso, que é uma resposta à necessidade particular de qualquer homem."

Ele pensava que a natureza era cruel e crua e que o mal abundava no mundo. King tinha conceitos estranhos sobre Deus. Mas devo dizer que o bem e o mal são os movimentos de nossa própria mente em relação ao ser único, que é eternamente inteiro, puro e imaculado em si mesmo. É o uso que fazemos do poder.

Como você utiliza a eletricidade? Podemos usá-la para matar um homem ou fritar um ovo. Como você usa o ácido nítrico? Podemos usá-lo para cegar um homem ou para pintar a Virgem Maria em um vitral. Como você usa a água? Para afogar uma criança ou para saciar sua sede? Sem dúvida, essas coisas não são inerentemente más. As forças da natureza não são más. O espírito vivo é a presença de Deus em você. Como você o utiliza?

Basil King, que estava ficando cego, disse que pensava que a natureza era cruel e crua, que Deus o estava punindo. Esse homem disse que uma mulher lhe perguntou: "O que você acha que Deus é?"

E ele respondeu, em sua simplicidade, imaturidade e ingenuidade: "Há três seres celestiais no céu e três tronos." Ela riu alto.

"Naquele momento, soube que o conceito que eu tinha era errado", declarou ele. Então, começou a pensar no princípio da vida que havia dentro dele, como já havia superado todos os obstáculos do mundo, fosse uma enchente, uma erupção vulcânica, guerras ou destruição de todos os tipos.

O princípio da vida continua, invulnerável e eterno. Não podemos destruir a vida. A vida simplesmente é. Você está vivo. Sua vida é Deus. O princípio da vida dá pelos grossos aos animais no Norte. No Sul, na zona temperada, lhes dá pelos mais finos. Cobre outros com conchas para preservá-los. Outros recebem o fluido venenoso que lançam quando atacados. Ele cuida de todas as formas de vida. Àquelas que saíram do mar,

Seus superpoderes

ele lhes deu pernas, fez com que ficassem eretas, ou lhes deu asas para voar.

O princípio da vida sempre atende à necessidade específica. Quando o homem primitivo encontrou um tigre, ficou paralisado de medo. Gradualmente, surgiu para ajudá-lo a aurora da razão, a imaginação e a memória. Houve um tempo em que o homem não tinha memória. Mais tarde, ele começou a pensar, e o poder que há dentro de nós respondeu a seu pensamento.

Basil King, meditando e refletindo sobre o poder que há dentro de nós, descobriu que o princípio da vida e da natureza não é cruel, e quando ele se uniu a esse princípio em pensamento, forças poderosas surgiram em seu auxílio. Ele não mais acreditava em três velhos, Pai, Filho e Espírito Santo, sentados cada um em um trono; havia percebido que Deus é o princípio da vida.

A Trindade é nosso espírito, nossa mente e nosso corpo, ou espírito, mente e função, porque precisamos de um corpo para expressar as coisas. A mente é o sacerdote, ou o mediador entre o invisível e o visível, ou seja, nosso próprio pensamento. Então, o espírito responde à natureza de nosso pensamento.

O homem comum categoriza a presença de Deus em nós e a usa aos domingos, feriados e em casos de morte, nascimento e casamento; mas no restante do tempo, ela é colocada em segundo plano.

Alguns homens têm medo de usar o termo Deus. Outros olham de soslaio quando Deus é mencionado, pois pensam no Senhor em termos de conotações religiosas, porque cada um tem um conceito diferente de Deus.

O domínio supremo do medo

Deus é nossa mente, nosso espírito. Deus é nosso pensamento também, porque nosso pensamento é criativo. Já disse e repito: tenha um respeito saudável por seu pensamento. Pense em harmonia, paz, amor, atitudes corretas, beleza. Pense em uma presença infinita de cura. Pense que está cercado pelo círculo sagrado do amor eterno de Deus. Imagine que está no meio do círculo, um círculo de amor, paz, harmonia e poder. Nada pode tocá-lo. Você está imunizado. Deus está em você. E você está sempre no centro sagrado do amor eterno de Deus.

Basil King descartou todas as conotações afetivas e sobrenaturais associadas ao nome da divindade. Percebeu que Deus era o princípio de vida que o habitava, o espírito, a mente que operava por meio dele. Quando se uniu a essa inteligência infinita, forças poderosas foram em seu auxílio. Ele descobriu que essa inteligência criativa era a resposta para todos os problemas.

"Essa percepção foi o começo do processo de expulsar o medo que estava me cegando e me paralisando", disse. Nenhum homem pode vencer o medo enquanto não retornar ao fato de que existe apenas um poder, uma presença, uma causa, uma substância.

Portanto, é melhor ter bem claro em sua cabeça que, no instante em que dá atenção a coisas externas, você nega a presença única, o poder único; um cientista não considera um objeto criado maior que o seu criador. Deixe bem claro em sua mente que você nunca mais dará poder a qualquer pessoa, lugar ou coisa, condição ou circunstância, estrela, ou sol, ou lua, ou clima, ou água neste universo para que possa prejudicá-lo, machucá-lo ou abençoá-lo.

Seus superpoderes

Você simplesmente reconhece que existe apenas um poder criativo. É o espírito e a mente que está dentro de nós. É o Todo-Poderoso, está acima de tudo, através de tudo e em tudo. É a única causa. É supremo e onipotente. Não há nada que se oponha a ele. Você é capaz de me dizer o que pode se opor à onipotência? Existe algo que possa? Mostre-me. Quero ver. Isso não é realidade, é uma sombra em sua mente.

O medo é um conglomerado de sombras sinistras. Você está lutando contra uma sombra em sua mente. Você é o criador de seus próprios medos, eles não são realidade. Volte para a única presença e o único poder, e quando rejeitar e se recusar a acreditar que qualquer pessoa, lugar ou coisa, condição ou circunstância pode machucá-lo ou prejudicá-lo, estará no caminho. Essa é sua grande recusa. Lembre-se das grandes afirmativas:

> Eu sou o Senhor, e não há outro; além de mim não há Deus; eu te cingirei, ainda que não me conheças. Para que se saiba, até ao nascente do sol e até ao poente, que além de mim não há outro; eu sou o Senhor, e não há outro. (ISAÍAS 4::5-6)

> Eu sou o Senhor, teu Deus, que te tirei da terra do Egito, da casa da servidão. (ÊXODO 20:2)

> O Senhor é a minha luz e a minha salvação; de quem terei medo? O Senhor é a fortaleza da minha vida; a quem temerei? (SALMOS 27:1)

O domínio supremo do medo

> Pois, no dia da adversidade, ele me ocultará no seu pavilhão; no recôndito do seu tabernáculo, me acolherá; elevar-me-á sobre uma rocha. (SALMOS 27:5)

Diga-me, você está sobre essa rocha? Ela é todo-poderosa, totalmente sábia, a eternamente viva, a toda conhecedora.

Não é de se espantar que aquela mulher tenha rido de King quando ele disse que havia três seres celestiais no céu. Você é a própria Trindade. Você é o triângulo e você é o círculo. O triângulo é o espírito, a mente e o corpo, ou espírito, mente e função. Você é esse ser. Existe apenas um poder, uma presença, e sua fonte é o amor. Não há oposição.

O princípio da vida superou todo tipo de oposição neste mundo e continua conquistando. Não há nada que se oponha a ele. Ele é onipotente. "Fui feito para governar", afirmou Henry David Thoreau. "Os homens nascem para ter sucesso, não para fracassar." Você nasceu para vencer. Como o infinito que habita em você poderia fracassar? Medite sobre isso e aceite.

A Bíblia diz: "Quem comer a minha carne e beber o meu sangue permanece em mim, e eu, nele" (JOÃO 6:56); é uma expressão figurativa e idiomática. Comer o corpo é comer a ideia, absorvê-la, digeri-la, exaltá-la, refletir sobre ela, apropriar-se dela mentalmente como se comêssemos um pedaço de pão. Ela se torna tecido, músculo e osso. Torna-se sangue.

Delicie-se com a ideia de que você nasceu para ter sucesso, nasceu para vencer, para governar sua mente. Quando você digere e exalta isso em sua mente, gera vitalidade e energia em todo seu corpo. Esse é o sangue que você bebe e o corpo que

Seus superpoderes

come, vitalizando todo o seu ser. Você derrama vida e amor nessa ideia. É uma parte viva de você, e o alto o fortalece.

Não busque a bajulação dos outros. Não busque promoção ou engrandecimento nos outros. Volte-se para dentro e perceba que você mesmo se promove, que o sucesso é seu, a harmonia é sua, a ação correta é sua, a beleza é sua. Quando você estabelece o equivalente mental em sua mente, não há pessoa, lugar ou coisa, nem qualquer poder no mundo que possa impedi-lo de ter sua promoção, reconhecimento ou de atingir seu objetivo. Você é um ser espiritual, uno com o infinito, e o infinito não pode falhar.

Você não quer domínio sobre outras pessoas; você quer domínio sobre seus próprios pensamentos, sentimentos, suas ações e reações, e o quer agora.

Os três passos para o sucesso

Sucesso significa ter uma vida bem-sucedida, um longo período de paz, alegria e felicidade neste plano. Não existe sucesso sem paz de espírito. Se você tem úlceras e pressão alta, isso certamente não é viver bem-sucedido. Isso é fracasso.

A eterna experiência de harmonia, saúde, paz e totalidade é a vida eterna mencionada na Bíblia. As coisas reais da vida, como paz, harmonia, integridade, segurança e felicidade, são intangíveis. Elas vêm do mundo interior. O mundo exterior não as dará a você, elas vêm do eu profundo do homem.

Meditar sobre essas qualidades constrói esses tesouros do Céu em sua mente subconsciente. É onde a traça e a ferrugem não corroem, onde ladrões não arrombam nem roubam.

Existem passos para o sucesso. O primeiro é descobrir o que você ama fazer e fazê-lo. Isso é simples. O sucesso está em amar seu trabalho. Se você não ama seu trabalho, certamente é um fracasso, não um sucesso.

Para um psiquiatra, não é adequado se formar, pendurar o diploma na parede e pronto. Ele deve acompanhar os tempos, comparecer a congressos, continuar estudando a mente e seu funcionamento. O psiquiatra bem-sucedido visita clínicas, lê os mais recentes artigos científicos. Em outras palavras, conhece os métodos mais avançados para aliviar o sofrimento humano. O psiquiatra ou médico bem-sucedido deve ter os interesses de seus pacientes no coração. Se não os tiver, na verdade, ele é um fracasso.

Talvez alguém pergunte: "Como posso colocar o primeiro passo em prática? Não sei o que devo fazer." Pois eu digo: ore por orientação da seguinte forma. Como digo em *O poder do inconsciente*, é muito simples:

> A inteligência infinita de minha mente subconsciente me revela meu verdadeiro lugar na vida, onde faço o que amo fazer, divinamente feliz e divinamente próspero.

Repita essa oração com tranquilidade, positividade e amor à sua mente mais profunda. Se persistir com fé e confiança, a resposta lhe chegará como um sentimento, um palpite ou uma tendência em determinada direção.

Um jovem faz faculdade de filosofia. De repente, para e passa a fazer medicina ou outra coisa, porque pediu orientação sobre seu verdadeiro lugar na vida. A resposta chegará a você clara-

Os três passos para o sucesso

mente e em paz, como uma consciência interior, um conhecimento interior da alma, por meio do qual você saberá que sabe.

O segundo passo para o sucesso é se especializar em um ramo específico de trabalho e, a seguir, saber mais sobre ele que qualquer outra pessoa. Por exemplo, se um jovem escolhe química como profissão, deve focar em um dos muitos ramos desse campo. Existe química farmacêutica, química analítica, bioquímica etc. Assim, ele deve dedicar todo seu tempo e sua atenção à especialidade que escolher.

Ele deve ter todo o entusiasmo necessário para buscar saber tudo o que está disponível sobre seu campo. Se possível, deve saber mais que qualquer outra pessoa nesse ramo em particular, porque está se especializando. Esse jovem deve desenvolver um interesse ardente em seu trabalho e desejar servir à humanidade.

"Quem quiser ser o maior entre vós, seja aquele que vos serve." (MARCOS 10:43-44) Existe um grande contraste nessa atitude mental em comparação com a do homem que só quer ganhar a vida ou simplesmente sobreviver. Sobreviver não é sucesso verdadeiro; é mediocridade. O motivo do homem deve ser maior, mais nobre e mais altruísta. Ele deve servir aos outros, fazer o bem sem esperar retorno.

O terceiro passo é o mais importante de todos. Você precisa ter certeza de que aquilo que deseja fazer não afeta positivamente apenas seu sucesso. Seu desejo não deve ser egoísta, deve beneficiar a humanidade. Deve formar-se um circuito completo, como um círculo. Em outras palavras, sua ideia deve seguir o propósito de abençoar ou servir o mundo. Assim, voltará para

Seus superpoderes

você cheia de pressão, sacudida e transbordando. Pode ser um livro que você escreva, que elevará a humanidade. Pode ser uma ótima música. Ou talvez você tenha uma ideia que iluminará o mundo, como teve Edison.

Se for para beneficiar exclusivamente a si mesmo, o circuito completo não se formará e poderá ocorrer um curto-circuito em sua vida, como uma limitação ou doença.

Pode haver quem diga: "Ah, sim, mas Fulano fez fortuna, ou Beltrano fez fortuna vendendo ações falsas de petróleo." Um homem pode parecer bem-sucedido por um tempo, mas o dinheiro que ganha com fraude geralmente cria asas e voa para longe.

Quando roubamos do outro, roubamos de nós mesmos, porque estamos em um estado de carência e limitação. Isso pode se manifestar em nosso corpo, na vida doméstica ou nos negócios. Nós nos empobrecemos e atraímos todo tipo de limitação. Em sua ignorância, o homem não sabe que está roubando a si mesmo. De fato, isso é curioso.

Aquilo que pensamos e sentimos é o que criamos. Nós criamos aquilo em que acreditamos. Mesmo que um homem tenha acumulado uma fortuna de forma fraudulenta, não será bem-sucedido. Não existe sucesso sem paz de espírito.

Suponhamos que um homem tem úlcera, pressão alta, enxaqueca, artrite ou câncer, e possui uma fortuna de 50 milhões de dólares. Ele é bem-sucedido? Isso não ter sucesso, porque ele não é bem-sucedido na arte de viver.

Você está aqui para viver a vida gloriosamente. Você está aqui para ter paz de espírito, amor, companheirismo, ação correta. Você está aqui para liberar o esplendor aprisionado dentro de

Os três passos para o sucesso

si. Você está aqui para ter um senso interno de estabilidade, equilíbrio, equanimidade e serenidade.

Você está aqui para expressar mais de Deus a cada dia. De que adianta a riqueza acumulada pelo homem se ele não consegue dormir à noite, se adoece ou sente culpa? Mas a riqueza não é um impedimento para a felicidade, a paz de espírito, o sucesso ou qualquer outra coisa. Um homem pode ter milhões de dólares e ser muito espiritual, divino. E alguns milionários são magnânimos e generosos.

Muitos multimilionários, nos Estados Unidos e em outras partes do mundo, distribuem sua fortuna, mas prosperam. Fazem um bem incalculável gastando milhões para erradicar a malária, construir hospitais e muitas outras coisas, e perdem a conta de quantos milhões voltam para eles.

Algumas pessoas consideradas pobres têm muita inveja daqueles que são bem-sucedidos. Elas se empobrecem atraindo mais carência e limitação.

• • •

Conheci um homem em Londres que me contou sobre suas façanhas. Era um batedor de carteira profissional e havia acumulado uma grande quantidade de dinheiro. Tinha uma casa de veraneio na França e uma vida de rei na Inglaterra. Mas tinha o medo constante de ser preso pela Scotland Yard.

Certa vez, fui convidado a ir a certa parte de Londres, onde ele ensinava rapazes a furtar carteiras. Ele tinha muitos distúrbios internos, que eram, sem dúvida, causados por seu medo constante e a culpa profundamente arraigada.

Seus superpoderes

Ele sabia que o que fazia era errado. Sabia que estava envenenando a mente daqueles jovens. Sabia que eles acabariam presos, mas estava dominado pela avareza e a ganância. Ele não estava interessado nos rapazes, e sim no dinheiro que eles roubavam, do qual recebia uma pequena porcentagem.

Essa profunda culpa atraiu todo tipo de problemas, e ele acabou se entregando à polícia e cumprindo pena. Após ser libertado, buscou aconselhamento psicológico e espiritual e se transformou.

Começou a trabalhar e se tornou um cidadão honesto, que cumpria as leis. Foi capaz de ajudar os outros. Ele descobriu o que amava fazer, estava feliz. Ele se transformou pela renovação de sua mente.

Uma pessoa bem-sucedida ama seu trabalho e se expressa por inteiro. O sucesso depende de um ideal mais alto que o mero acúmulo de riquezas. O homem de sucesso é aquele que possui grande compreensão psicológica e espiritual.

Se você não tem todo o dinheiro de que precisa para fazer aquilo que quer, e quando quer, certamente não é bem-sucedido. Você deveria ter todo o dinheiro de que precisa para sua família. Se sua esposa precisa de um carro novo, você deveria poder comprar um. Se seu filho quer ir para Paris estudar música, você deveria poder mandá-lo para lá.

Você não será bem-sucedido enquanto não for capaz de fazer tudo que realmente quer fazer, e quando quiser. E quando conseguir isso, será rico como Creso. Tudo que precisa compreender é que Deus é a fonte de seu suprimento e todas as suas necessidades são atendidas a cada momento no tempo e ponto do

Os três passos para o sucesso

espaço. Escreva isso em sua mente subconsciente e você nunca mais vai querer sem ter.

• • •

O sucesso de muitos grandes industriais de hoje depende do uso correto da mente subconsciente. Muitas grandes instituições nos Estados Unidos praticam a Regra de Ouro. Existem corporações de bilhões de dólares, e muita gente sabe exatamente quais são.

Anos atrás, foi publicada uma matéria sobre Flagler, um magnata do petróleo. Quando era jovem, ele foi muito pobre, e admitiu que o segredo de seu sucesso era sua habilidade de visualizar um projeto já concluído. Em seu caso, como contou ao repórter da *Electrical Experimenter*, ele fechava os olhos e imaginava uma grande indústria petrolífera, observava trens correndo nos trilhos, ouvia apitos e via fumaça, apesar de não ter dinheiro.

Ele era um garoto pobre, mas sabia que havia petróleo naqueles campos, e ao visualizar e sentir que suas preces eram atendidas, sua mente subconsciente criou sua concretização. Ele atraiu para si homens com dinheiro, engenheiros, químicos, físicos, petroleiros e tudo o que era necessário para a realização de seu sonho.

Ao ser plantada no solo, a semente se dissolve, e há uma sabedoria dentro dela que atrai para si fosfato, enxofre, cálcio, enzimas e tudo de que precisa. Quando a planta nasce, ela extrai da atmosfera e dos raios solares, por meio do processo de fotossíntese, tudo que é necessário para produzir os compostos

Seus superpoderes

químicos mais complexos, os quais até o mais sábio dos homens desconhece. Essa é a sabedoria da semente.

Se imaginar claramente um objetivo, suas necessidades serão supridas de maneiras que você desconhece por meio do maravilhoso poder de trabalho de seu subconsciente. Ao estudar os três passos para o sucesso, nunca esqueça o poder das forças criativas de sua mente. Essa é a energia que move todos os passos em qualquer plano de sucesso.

Seu pensamento é criativo. Pensamento fundido com sentimento se torna uma fé ou crença subjetiva, e aquilo em que você acredita lhe é feito. Muitos dos maiores homens dos Estados Unidos, que contribuíram para o crescimento do país, desembarcaram sem um tostão em Nova York, Boston e outros lugares. Muitos nem sequer sabiam falar o idioma.

Um deles foi um homem chamado Giannini, um mascate. Ele tinha uma carroça de frutas e vendia lápis e mantimentos de porta em porta. Ele estudou, aprendeu inglês e se interessou por economia. Estudou à noite e, um dia, passou a ajudar fazendeiros emprestando-lhes dinheiro. Ele formou o maior banco do mundo, chamado Bank of America.

Suponho que é por isso que muitas pessoas têm inveja dele; porque ele foi bem-sucedido. Ele arregaçou as mangas, foi trabalhar, estudou à noite, debruçou-se sobre livros. Prestou atenção em seus professores. Depois, fez o bem, pois muitos fazendeiros estavam indo à falência, e Giannini emprestou dinheiro a eles e preservou suas fazendas.

Ele prestou serviço, e seu banco é o maior do mundo hoje, fundado por um imigrante sem dinheiro. Ele tinha um sonho. Uma visão.

Os três passos para o sucesso

Acaso isso não é verdade para milhares e milhares de homens, alguns dos maiores físicos, cientistas, médicos e cirurgiões? Como o grande matemático Einstein e muitos outros. Eles fizeram grandes contribuições para o mundo.

• • •

Saber que existe uma força poderosa em você, que é capaz de tornar realidade todos os seus desejos, dá confiança e uma sensação de paz. Seja qual for a área em que você atue, precisa aprender as leis de sua mente subconsciente.

Leia um livro chamado *O poder do subconsciente*. Leia outro intitulado *1001 maneiras de enriquecer*. Escrevi esses dois livros há muitos anos, foram traduzidos para muitos idiomas e são imensamente populares. Neles, você encontra o segredo para impregnar seu subconsciente de sucesso, harmonia, paz, ação correta, iluminação e inspiração.

Quando sabemos como aplicar os poderes da mente, quando nos expressamos por inteiro e usamos nossos talentos para os outros, estamos no caminho certo para o verdadeiro sucesso. Quando nos dedicamos à obra de Deus, ou a uma parte dela, por Sua própria natureza Ele é por nós. Então, quem poderá ser contra nós?

Com esse entendimento, não há poder no Céu ou na Terra que possa impedir nosso sucesso. Temos sucesso quando somos bem-sucedidos em nossa vida de oração, em nosso relacionamento com as pessoas, na profissão que escolhemos e na comunhão com as coisas divinas.

Seus superpoderes

Um ator de cinema me disse, certa vez, que havia estudado muito pouco, mas que desde pequeno tinha o sonho de ser um grande ator de cinema. No campo, cortando feno, tocando o gado ou mesmo enquanto ordenhava as vacas, estava sempre imaginando que via seu nome no grande letreiro luminoso de um grande cinema. Esse homem não sabia nada sobre as leis da mente, mas as usava.

"Isso durou anos, até que, por fim, fugi de casa", contou ele. "Arranjei alguns trabalhos relacionados com o cinema e, finalmente, chegou o dia em que vi meu nome em um grande letreiro luminoso, como quando era pequeno." E acrescentou: "Eu conheço o poder da imaginação contínua para chegar ao sucesso."

A Bíblia diz assim: "Chama à existência as coisas que não existem" (ROMANOS 4:17); e "Disse-vos agora, antes que aconteça, para que, quando acontecer, vós creiais" (JOÃO 14:29).

O garoto que cortava feno, que imaginava seu nome no letreiro de um grande teatro, já vivia esse papel em sua mente. O papel se aprofundou em seu subconsciente e se tornou uma impressão. Tudo que imprimimos no subconsciente é expresso como forma, função, experiência e evento. Essa é a grande lei de nossa mente.

Há trinta anos conheci um jovem farmacêutico que ganhava US$ 40 por semana mais comissão sobre as vendas. Era um salário muito bom, na época. "Daqui a 25, vou me aposentar", disse-me.

Falei ao jovem: "Por que você não abre uma farmácia? Saia deste lugar, aposte mais alto. Construa algo para seus filhos. Talvez seu filho queira ser médico, talvez sua filha queira

Os três passos para o sucesso

ser uma grande musicista. Talvez ela queira ir para a Europa estudar com o Grande Certeau."

Sua resposta foi que não tinha dinheiro, mas logo ele começou a despertar para o fato de que tudo que pudesse conceber como verdade, poderia transformar em realidade. Eu lhe expliquei que riqueza é um estado de consciência, um estado de espírito. Saúde é um estado de espírito. A vitalidade que temos é toda aquela da qual nos apropriamos; a sabedoria que temos é toda aquela da qual nos apropriamos, e o mesmo se dá com a paz. E temos tanta riqueza quanto a que estabelecemos em nosso subconsciente, porque temos que ter o equivalente mental de qualquer coisa que queiramos nesta vida. Um milionário tem o equivalente exato a essa condição em seu inconsciente.

O primeiro passo daquele jovem em direção a seu objetivo foi seu despertar para os poderes de sua mente inconsciente, que eu brevemente lhe apresentei. O segundo passo foi a percepção de que, se ele conseguisse transmitir uma ideia para seu subconsciente, este a faria acontecer.

Ele começou a imaginar que estava em sua própria farmácia; a imaginação é um meio para o sucesso. Os antigos hebreus a chamavam de oficina de Deus, porque tudo que imaginamos e sentimos como verdade, acontece.

Ele organizou mentalmente os medicamentos elaborados e imaginou vários balconistas na farmácia atendendo a clientes. Mentalmente, trabalhava naquela farmácia imaginária. Então visualizou um grande saldo bancário também. Era um homem que ganhava 40 dólares por semana, mas que usava sua mente de forma construtiva.

Seus superpoderes

Como um bom ator, ele viveu o papel. "Aja como se você fosse, e será." Aquele farmacêutico se dedicou de corpo e alma à representação mental, vivendo e agindo com base no princípio de que era dono da farmácia.

O que aconteceu depois foi interessante. Ele foi demitido e arranjou outro emprego em uma grande rede. Chegou a gerente e, mais tarde, a gerente distrital. Em quatro anos, conseguiu economizar o dinheiro necessário para dar entrada em uma farmácia própria. Dizia que era a farmácia dos seus sonhos.

"Era exatamente como eu a via em minha imaginação", declarou. Ele foi bem-sucedido e reconhecido no campo que escolheu e era feliz fazendo o que amava.

• • •

Há alguns anos, dei uma palestra para uns e empresários sobre os poderes da imaginação e da mente inconsciente. Na palestra, comentei como Goethe usava sabiamente sua imaginação quando enfrentava dificuldades e situações difíceis.

Seus biógrafos apontam que ele costumava passar muitas horas em conversas imaginárias. O hábito que ele tinha de imaginar um amigo sentado em uma cadeira diante dele dando-lhe as respostas corretas é bastante conhecido. Quando estava preocupado com algum problema, ele imaginava seu amigo lhe dando a resposta certa ou apropriada, acompanhada dos gestos usuais e tons de voz da pessoa, tornando a cena imaginária tão real e vívida quanto possível.

Um dos presentes nessa palestra era um jovem corretor da bolsa. Ele passou a adotar a técnica de Goethe; mantinha conversas

Os três passos para o sucesso

imaginárias com um amigo, um banqueiro multimilionário, que sempre o parabenizava por seu julgamento sábio e sólido e o elogiava por comprar as ações certas.

Ele mantinha essas conversas imaginárias até fixá-las como uma crença em sua mente. Isso se faz por meio da repetição: você cria um filme em sua mente e o repete muitas e muitas vezes. E o filme não se aprofunda em seu subconsciente? Claro que sim.

A conversa mental e a imaginação controlada desse corretor certamente iam ao encontro de seu objetivo, que era fazer bons investimentos para seus clientes. Seu principal propósito na vida era ganhar dinheiro para seus clientes e vê-los prosperar financeiramente graças a seus sábios conselhos. Atualmente, ele ainda usa a mente subconsciente em seus negócios e é um grande sucesso em sua área de atuação. Em outras palavras, ele usa outra pessoa para impregnar seu subconsciente de sucesso, conquistas e vitórias.

Robbie Wright é um garoto que trabalha comigo. Ele estuda eletrônica e tem uma função proeminente na organização juvenil DeMolay, e é responsável por arrecadar fundos.

À noite, antes de dormir, ele imagina que eu o parabenizo por seu sucesso. Ele sabe que, ao fazer isso, impregna sua mente subconsciente. Ele passa nas provas com louvor, é um membro efetivo da Ordem DeMolay e realizará grandes feitos, porque conhece as leis da mente e o caminho da inteligência infinita que há dentro dele.

Ele não ri dessa técnica, não diz que é uma bobagem. Ele a utiliza. Como ele mesmo diz: "A inteligência infinita me conduz

Seus superpoderes

e guia em todos os meus estudos. Eu passo em todas as provas na ordem divina por meio do amor divino."

Assim, a mente mais profunda responde e, às vezes, enquanto ele dorme, lhe mostra as respostas em sonhos e visões que possibilitam seu sucesso. Sua intuição é um sentimento interior. Ele abre sua apostila e sabe todo o conteúdo que vai cair na prova. Essa é uma experiência muito comum com alunos que usam a mente: sabem as perguntas antes que sejam feitas, às vezes intuitivamente, e às vezes as veem em sonhos e visões.

Certa vez, um aluno do ensino médio me disse: "Estou tirando notas muito baixas. Minha memória anda ruim, não sei o que está acontecendo." Descobri que a única coisa errada com esse garoto era sua atitude, que era de indiferença e ressentimento em relação a alguns professores e colegas.

Eu lhe ensinei a usar a mente subconsciente para ir bem nos estudos. Ele passou a afirmar certas verdades várias vezes ao dia, particularmente à noite, antes de dormir, e pela manhã, assim que acordava. Esses são os melhores momentos para impregnar o subconsciente. Ele dizia o seguinte:

> Eu percebo que minha mente subconsciente é um depósito de memórias. Ela retém tudo que leio e ouço de meus professores. Eu tenho uma memória perfeita, e a inteligência infinita que habita minha mente subconsciente me revela o tempo todo tudo que eu preciso saber para todas as provas, sejam escritas ou orais. Eu irradio amor e boa vontade a todos os meus professores e colegas. Desejo a eles, sinceramente, sucesso e todas as bênçãos da vida.

Os três passos para o sucesso

Esse jovem, agora, desfruta de uma liberdade muito maior do que jamais conheceu. Ele estuda na CalTech e só tira as notas máximas. Constantemente imagina os professores e sua mãe lhe dando os parabéns por seu sucesso e seus estudos.

• • •

Se você for comprar ou vender, recorde que sua mente consciente é a ignição e o subconsciente é o motor. Você precisa dar partida no motor para que ele possa executar seu trabalho. Sua mente consciente é o dínamo que desperta o poder de sua mente subconsciente.

O primeiro passo para transmitir seu desejo, sua ideia ou imagem clara à mente mais profunda é relaxar, imobilizar a atenção, ficar parado e em silêncio. Essa atitude mental tranquila, relaxada e pacífica impede que assuntos de fora e ideias falsas interfiram na absorção mental de seu ideal. Além disso, na atitude mental tranquila, passiva e receptiva o esforço se reduz ao mínimo.

O segundo passo é começar a imaginar a realidade daquilo que você deseja. Por exemplo, se deseja comprar uma casa, em um estado de espírito relaxado afirme o seguinte:

> A inteligência infinita de minha mente subconsciente é onisciente. Ela me revela agora a casa ideal, que é bem localizada, em um excelente entorno, atende a todas as minhas necessidades e é compatível com minha renda. Agora, entrego este pedido à minha

mente subconsciente e sei que ela responderá em consonância com a natureza de meu pedido. Eu libero meu pedido com fé e confiança absolutas, assim como um agricultor deposita uma semente no solo, confiando implicitamente nas leis do crescimento.

Sua oração pode ser respondida de muitas maneiras. A resposta pode vir por meio de um anúncio no jornal, ou de um amigo, ou pode ser que você seja guiado diretamente a uma casa específica, que é exatamente o que está procurando. O principal conhecimento no qual pode depositar sua confiança é que a resposta sempre vem, desde que você confie no funcionamento de sua mente mais profunda.

Tome cuidado para não negar aquilo que afirma, pois isso seria uma farsa. É como apertar os dois botões de um elevador, para cima e para baixo; assim, você não vai a lugar nenhum.

Talvez você queira vender uma casa, um terreno ou qualquer propriedade. Em consulta particular com corretores imobiliários, eu lhes contei como vendi minha casa na Orlando Avenue anos atrás. Muitos deles passaram a aplicar a técnica que usei e tiveram resultados notáveis e rápidos.

Eu coloquei uma placa que dizia "Vende-se. Direto com o proprietário" no jardim em frente à minha casa. No dia seguinte, disse a mim mesmo, quando fui dormir: "Se você vendesse a casa, o que faria? Eu tiraria a placa e a jogaria na garagem." Em minha imaginação, arranquei a placa da terra, coloquei-a em cima do ombro, fui até a garagem e a joguei no chão. E disse à placa, brincando: "Não preciso mais de você."

Os três passos para o sucesso

Senti a satisfação interior de perceber que estava tudo concluído. No dia seguinte, um homem fez um depósito de mil dólares e disse: "Tire a placa. Vamos fazer o contrato agora mesmo."

Imediatamente, retirei a placa e levei para a garagem. A ação externa foi concordante à interna. Isso não é novidade: "O que está dentro é como o que está fora. O que está em cima é como o que está embaixo. O que está no céu" — ou seja, nossa mente — "é como o que está na terra. O que está no corpo é como o que está no ambiente".

Essas são as grandes leis de sua mente mais profunda. O externo espelha o interno. A ação externa segue a interna. Perceba esta verdade simples em relação ao sucesso e à realização no trabalho. Diga a si mesmo, com seriedade:

> Hoje é o dia de Deus. Eu escolho felicidade, sucesso, prosperidade e paz de espírito. Sou divinamente guiado o dia todo hoje, e tudo que eu fizer prosperará. Sempre que minha atenção se desviar dos meus pensamentos de sucesso, a paz e a prosperidade serão meu propósito maior. Imediatamente, trarei meus pensamentos de volta à contemplação de Deus e Seu amor, sabendo que Ele cuida de mim.

De dia e de noite você está avançando e crescendo, prosperando espiritual, mental, intelectual, social e financeiramente. Não há fim para seu crescimento. Deus o ama e cuida de você.

As maravilhas da imaginação disciplinada

"A IMAGINAÇÃO É a oficina de Deus", diziam os antigos místicos hebreus. "Deus imaginou a si mesmo como homem. Deus se tornou aquilo que ele imaginou ser."

A imaginação é retratada na Bíblia sob o nome de José, que significa imaginação. Estamos falando de imaginação disciplinada, controlada e direcionada. Imaginar é conceber algo. É imprimir algo na mente inconsciente. Aquilo que é impresso no inconsciente se expressa como forma, função, experiência e evento.

Imaginação disciplinada, controlada, é uma das faculdades primárias do homem. Ela tem o poder de projetar e incluir ideias, dando-lhes visibilidade na tela do espaço. Nós aprendemos que Israel amava José. *Israel* é o homem desperto espiritualmente que conhece o poder da imaginação controlada.

Seus superpoderes

Israel, na Bíblia, representa um homem que conhece a soberania do espírito interior vivo, que reconhece o Eu Sou dentro de si como o Senhor Deus Todo-Poderoso e o usa em sua vida. Ele se recusa a dar poder a qualquer coisa criada na face da Terra.

É conhecido como "filho de sua velhice". *Filho* significa expressão; *velhice* infere sabedoria e conhecimento das leis da mente. Quando você conhecer o poder da imaginação, também o chamará de filho de sua velhice, pois velhice não é o voo dos anos; é o alvorecer da sabedoria. A imaginação é o poderoso instrumento usado por cientistas, artistas, físicos, inventores, arquitetos e místicos.

Quando o mundo disse: "É impossível; isso não pode ser feito." O homem com imaginação declarou: "Está feito." Por meio da imaginação, podemos adentrar as profundezas da realidade e revelar os segredos da natureza.

Certa vez, um grande industrial me contou como abriu uma pequena loja. "Eu sonhava com uma grande corporação, com filiais por todo o país." Regular e sistematicamente, ele imaginava uma sede gigante, escritórios, fábricas e lojas, sabendo que, por meio da alquimia da mente, poderia tecer os fios com que vestiria seus sonhos.

Ele prosperou e, pela lei universal da atração, começou a atrair para si ideias, pessoas, amigos, dinheiro e todo o necessário para o desdobramento de seu ideal. Quando uma semente morre no solo, lega sua energia a outra forma de si mesma. Por meio de sua sabedoria subjetiva, ela extrai do solo tudo que é necessário para seu desenvolvimento. Quando nasce, pelo processo de fotossíntese extrai da atmosfera e do sol todos os nutrientes de que precisa.

As maravilhas da imaginação disciplinada

Esse homem exercitou e cultivou sua imaginação, e manteve esses padrões mentais até que a imaginação os teceu na forma de seus desejos. Eu gostei particularmente de um comentário que ele fez: "É tão fácil imaginar-se bem-sucedido quanto imaginar o fracasso, mas o primeiro é muito mais interessante."

• • •

Na Bíblia, José é um sonhador, um "sonhador de sonhos". Isso quer dizer que ele tem visões, imagens e ideais em sua mente e sabe que existe um poder criativo que responde a suas imagens mentais. Nossas imagens mentais se tornam sentimento. Sabiamente, afirma-se que todas as sensações que temos se transformam em sentimento.

Troward, um juiz que escreveu inimitáveis livros sobre as leis da mente, alegou: "O sentimento é a lei e a lei é o sentimento." O sentimento é o fundamento do poder. Para obter resultados, devemos alimentar nossas imagens mentais com sentimento.

Diz a Bíblia: "Teve José um sonho e o relatou a seus irmãos; por isso, o odiaram ainda mais." (GÊNESIS 37:5) Talvez você tenha um sonho, um ideal, um plano ou propósito que gostaria de realizar. Na Bíblia, odiar significa rejeitar, repudiar, desautorizar, desiludir a mente, rejeitar o que é falso. Seus pensamentos, sentimentos, suas crenças e opiniões são seus irmãos que o desafiam, menosprezam seus sonhos e lhe dizem: "Você não consegue. É impossível."

Você recorda alguns sonhos, ideias, invenções, representações ou planos que teve? Não há em sua mente algo que às vezes

Seus superpoderes

lhe diz: "Quem você pensa que é? Você não pode fazer isso. Você não sabe o suficiente. Você não tem os contatos certos"?

Pois bem, você tem, sim. O contato certo é a presença de Deus dentro de você que lhe deu a ideia, e a mesma presença de Deus pode fazer com que a ideia aconteça em ordem divina, por meio do amor divino.

Talvez surjam em sua mente outros pensamentos que debocharão de seu plano ou sua ambição. Você descobrirá que dentro de sua mente há uma briga com seus próprios irmãos. Assim, instala-se a oposição.

Para lidar com a oposição dentro de sua mente, tire sua atenção da evidência sensorial e da aparência das coisas e comece a pensar claramente, com interesse, em sua meta, seu objetivo. Quando sua mente está engajada em sua meta, você está usando a lei criativa da mente e a meta se realiza.

"Atávamos feixes no campo, e eis que o meu feixe se levantou e ficou em pé; e os vossos feixes o rodeavam e se inclinavam perante o meu." (GÊNESIS 37:7) Eleve sua ideia, seu desejo, na consciência. Exalte-o. Comprometa-se de todo o coração com ele. Louve-o. Dê atenção, amor e devoção a seu ideal, e fazendo isso, todos os pensamentos de medo farão reverência a seu exaltado estado de espírito. Eles perderão o poder e desaparecerão de sua mente.

Por meio da faculdade de imaginar o resultado, você tem o controle sobre qualquer circunstância ou condição. Se almeja realizar um desejo, uma vontade, ideia ou plano, forme uma imagem mental de realização em sua mente. Imagine constantemente a realidade de seu desejo. Dessa forma, você o compele a se concretizar.

As maravilhas da imaginação disciplinada

Aquilo que você imagina como verdade já existe na próxima dimensão da mente. Se permanecer fiel a seu ideal, um dia se tornará realidade. O mestre arquiteto que o habita projetará na tela da visibilidade aquilo que você imprime em sua mente.

Certa vez, um ator me disse que, no começo de sua carreira, era medíocre, só ganhava papéis pequenos. Mas então, ele aprendeu sobre os poderes da mente subconsciente. Toda noite, ele interpretava em sua imaginação o papel que queria conseguir. Ensaiava todas as noites durante quinze minutos, exaltando o poder do espírito que vive dentro dele. Acabou por criar um padrão no subconsciente, e usando a natureza compulsiva de seu ser subconsciente, alcançou o auge em sua profissão.

Ele usava sua imaginação, via um filme criado em sua mente. Ele sabia que o poder do Todo-Poderoso lhe daria apoio, e assim aconteceu. "Pois vou preparar-vos lugar. E, quando eu for e vos preparar lugar, voltarei e vos receberei para mim mesmo, para que, onde eu estou, estejais vós também." (João 14:2-3) Isso está na Bíblia e fala do poder da imaginação disciplinada. Nossa imaginação vai à frente; ela precede nossa experiência e manifestação.

Uma jovem atriz, que fez muito sucesso, contou-me que toda noite ela passa um filme em sua mente, no qual interpreta certo papel. Ela vivencia isso em sua imaginação durante cinco ou seis minutos todas as noites. Com isso, dá um alicerce a seus sonhos. Podemos construir castelos no ar, desde que coloquemos uma fundação embaixo deles. E esse filme que ela passa já lhe rendeu dividendos.

Seus superpoderes

• • •

Robbie Wright, que cuida dos meus programas de rádio e opera a máquina para mim, recentemente ganhou um prêmio em um campeonato de arrancada de carros. Ele contou que se preparou psicologicamente antes da corrida, imaginou-se vencendo e recebendo os parabéns do irmão e dos amigos. Assim, durante o percurso, sentiu que um poder supremo o controlava. Algo tomou conta dele e um poder sobrenatural respondeu à imagem de vitória que ele tinha em sua mente.

O homem que constantemente fracassa tem uma imagem mental de fracasso. Podemos usar nossa imaginação de duas maneiras; podemos usar qualquer faculdade de duas maneiras. O homem cronicamente doente e que sempre reclama, ou o soldado malandro do Exército, que finge uma indisposição para escapar do trabalho, tem uma imagem mental de saúde ruim e fraqueza. Quando o homem imagina doença ou fracasso, é isso que seu subconsciente cria.

Descobriu-se que muitos homens que fracassam com frequência têm uma imagem de fracasso na mente, e seu subconsciente responde de acordo. Tenha uma imagem de sucesso. Você nasceu para vencer, para ser bem-sucedido.

Todo alcóolico sabe que, se usar apenas a força de vontade ou tentar se forçar a largar o álcool, só vai conseguir beber ainda mais. Coerção mental, força, força de vontade não o levarão a lugar nenhum. Mas quando contempla a sobriedade e a paz de espírito e se imagina livre e trabalhando de novo, fazendo o que ama fazer, sabendo que um poder Todo-Poderoso dá suporte à sua imagem mental, ele se liberta do hábito e é curado.

As maravilhas da imaginação disciplinada

Walt Whitman tinha uma imaginação maravilhosa. Dizia que, quando a névoa cobria os vales, ele olhava para o topo das montanhas, e quando a montanha desaparecia na escuridão, fixava seu olhar nas estrelas. A imaginação pode nos levar a imensas alturas ou às mais baixas profundezas. Vá além da névoa da dúvida, do medo e da ansiedade para poder ver as realidades espirituais.

A visão é aquilo que você olha, aquilo que contempla, onde está seu foco, sua atenção. É para lá que você vai na vida.

Se olhar para o topo da montanha e disser: "Eu vou até lá", você irá. Mas se disser: "Estou velho, vou ficar cheio de bolhas nos pés, é cansativo", não irá. Você irá até o topo da montanha se lá estiver sua visão. Você perceberá que forças benevolentes, a presença invisível que o habita, o ajudarão na realização de seu sonho.

Em sua jornada de vida, por mais difícil que seja, lembre-se de que há um lugar sagrado dentro de você: o santuário de Deus, onde você pode sentir sua afinidade com aquele que é eterno, o único, que vive no coração de todos os homens.

Por meio do poder da imaginação, podemos liberar a flor do amor e da beleza de nosso coração. Todas as grandes pinturas e esculturas são fruto da imaginação inspirada. Nossa imaginação retrata o ideal, e são os ideais que levam a humanidade adiante, para cima, em direção a Deus.

Onde aquela linda Madonna está retratada? Na tela do espaço, ou na tela física? Acaso ela não existe na mente do artista disciplinado?

Na Era de Ouro da Grécia, 2.600 anos atrás, já se usava a lei da mente e a imaginação. Sim, eles conheciam o poder da

Seus superpoderes

imaginação disciplinada, controlada e direcionada, a oficina do infinito. Eles cercavam as mulheres grávidas com belas imagens e estátuas para que as crianças em seu ventre pudessem receber da mente da mãe imagens de saúde, beleza, simetria, ordem e proporção. As mulheres contemplavam essas belas estátuas e a criança nascia à imagem e semelhança da beleza, ordem, simetria e proporção. Simples, não é? Todas as grandes verdades da vida são simples.

Existe uma antiga fábula, como as parábolas da Bíblia, tenho certeza de que você já a ouviu. É sobre o príncipe persa que tinha a coluna torta e não conseguia ficar em pé direito. Ele contratou um escultor muito habilidoso e lhe pediu que fizesse uma estátua de si mesmo fiel à sua aparência em todos os sentidos, menos um. Disse: "Quero que faça a estátua de modo que minhas costas fiquem retas como uma flecha. Desejo me ver como devo ser e como Deus quer que eu seja."

O escultor fez a estátua e o príncipe falou: "Agora, coloque-a em um canto secreto no jardim." Todos os dias, regular e sistematicamente, duas ou três vezes por dia, ele meditava diante daquela estátua, olhava para ela com anseio, com fé e confiança de que um dia suas costas seriam retas como as da escultura. Ele olhava com atenção a coluna ereta, a cabeça erguida, a bela fisionomia.

Semanas se passaram, e então anos, e o povo começou a notar: "Vejam, a coluna do príncipe não está mais torta. Ele está ereto como um nobre." O príncipe foi ao jardim, e eis que era verdade. Sua coluna estava ereta como a da estátua.

Pessoas com deficiência são curadas dessa forma? Sim, sem dúvida. Maravilhas começam a acontecer quando imaginamos

As maravilhas da imaginação disciplinada

que já somos o que desejamos ser e desempenhamos esse papel repetidamente. Nós nos tornamos aquilo que desejamos.

O homem sabe que, para receber, ele deve, primeiro, conceber ou imaginar seu desejo na realidade. Uma vez, falei com um jovem soldado durante a guerra. Ele era estudante de medicina e reclamava por ter sido convocado, porque não poderia se formar. E eu lhe disse: "Imagine-se como médico. Veja o final: você tem um diploma que diz que você é um médico, um cirurgião. Olhe para ele."

Eu lhe expliquei, em cinco minutos, as leis da mente, e como era estudante de medicina, ele entendeu.

Ele começou a fazer o que eu falei, cursou medicina pelo Exército e hoje é médico. Ele viu o resultado e obteve os meios para concretizá-lo.

• • •

Arqueólogos, paleontólogos e outros profissionais que se aprofundam na antiguidade dizem que o homem pré-histórico esculpia nas cavernas imagens da comida que queria: o cervo, o peixe, a ave, o elefante. Por que fazia isso? Porque sabia, instintiva ou intuitivamente, que algum poder levaria esses animais à sua vida para que ele pudesse usufruir aquilo que imaginava em sua mente.

Sim, eram primitivos, mas veja bem, eles conheciam as leis da mente e, invariavelmente, as coisas aconteciam. Aquele animal em particular aparecia para que ele pudesse comê-lo.

Esses são os poderes da imaginação que estão dentro de você, e eu gostaria de lhe contar uma coisa que li outra noite. Era um

Seus superpoderes

artigo do dr. Carl Simonton, na *Fate Magazine*, maravilhoso, fascinante e longo. Vou relatar alguns destaques.

O dr. Simonton é médico, especialista em câncer, e afirma que, com a ajuda do relaxamento e da meditação, inclusive pacientes considerados terminais se recuperam se realmente desejam melhorar.

Ele conta, referindo-se à mente: "Comecei esse processo com meu primeiro paciente. Além do tratamento médico, expliquei-lhe o que eu pensava. Anunciei que, conjuntamente, por meio de imagens, tentaríamos afetar o câncer. Ele tinha 61 anos e um câncer de garganta muito extenso. Havia perdido muito peso, mal conseguia engolir a própria saliva e não conseguia comer nada. Depois de lhe explicar sua doença e a maneira como a radiação funcionava, indiquei que ele fizesse relaxamento três vezes ao dia e visualizasse mentalmente sua doença."

Ou seja, se eu sou um médico e lhe mostro a imagem de uma garganta perfeita, com todas as células em excelente condição, e você imagina isso em sua mente repetidas vezes, percebe que dentro de você há um mecanismo de defesa que restaura sua garganta até esse padrão perfeito.

O dr. Simonton continua dizendo: "Depois de lhe explicar a respeito da doença e da radiação, eu lhe indiquei o relaxamento três vezes ao dia e que ele visualizasse mentalmente o câncer, o tratamento e como seu corpo interagia com o tratamento e a doença, para que ele pudesse entender melhor e cooperar com o que estava acontecendo. Os resultados foram realmente incríveis."

As maravilhas da imaginação disciplinada

Ele fala sobre visualização conjunta, o que significa que o médico enxergava uma garganta perfeita e ensinava o paciente a vê-la, e percebia que o poder estava respondendo.

Ele diz ainda: "Quando expliquei aos meus colegas o que eu estava fazendo, eles me disseram, com ironia: 'Por que se dá a esse trabalho?' Minha resposta foi: 'Ainda não sei o suficiente.' Esse paciente terminou o tratamento há um ano e meio e não tem nenhum sinal de câncer na garganta. Ele também tinha artrite e usou o mesmo processo mental básico para se curar."

Sendo assim, imaginando-se saudável e agindo da forma que você agiria normalmente, o que faria se fosse curado?

Esse mesmo homem também tinha problemas de impotência. Havia mais de vinte anos que não conseguia fazer sexo com sua esposa. Durante dez dias, fez relaxamento e visualizou mentalmente a cura. Visualizando a solução em sua mente, ele conseguiu voltar a ter relações sexuais com a esposa.

O dr. Simonton afirma: "Agora, ele alega que consegue ter relações sexuais duas ou três vezes por semana. Quando me ligou para contar como curou sua impotência, eu lhe pedi que explicasse direitinho, para o caso de eu precisar dessas técnicas no futuro."

Ele também fala sobre como é ser médico na Base Aérea de Travis, conta a respeito de seu primeiro caso, um piloto da Força Aérea. Era um homem não fumante que tinha um carcinoma de células escamosas no céu da boca e outro maior na parte de trás da garganta. O câncer no céu da boca tinha uma taxa de cura de 20%, e o da garganta, cerca de 5%. Para ambos, no entanto,

Seus superpoderes

a taxa de cura estimada seria em torno de 5% a 10%, pois o fato de dois cânceres surgirem ao mesmo tempo piora a situação.

Devo enfatizar que ele era um paciente extremamente positivo. Também foi muito cooperativo e, após uma semana de tratamento, o tumor começou a reduzir. Após quatro semanas de tratamento, não havia mais evidências de crescimento da ulceração. Portanto, ambos os cânceres apresentavam essencialmente a mesma coisa: uma resposta muito rápida. Em minha experiência, era raro ver uma resposta tão radical em dois tumores diferentes em tão pouco tempo. Após um mês, restava uma pequena ulceração, cicatrizando bem, e, cerca de dez semanas após o tratamento, o céu da boca tinha uma aparência normal.

O mais bonito foi que a lesão da garganta mostrou a mesma resposta que a da boca, e em exames de rotina era impossível dizer que havia um tumor ali. Apenas três meses depois de ter sido afastado do trabalho, esse homem estava livre dos tumores na cabeça e no pescoço e liberado para voar e voltar a exercer sua profissão.

O dr. Simonton prossegue falando sobre os resultados notáveis que obtém com linfoma de Hodgkin e outros, ensinando as pessoas a usar a imaginação no tratamento do câncer. Com

As maravilhas da imaginação disciplinada

a ajuda do relaxamento e da meditação, inclusive pacientes considerados terminais se recuperaram. Mas ele ressalta que os pacientes precisam querer ficar bem. Algumas pessoas não querem. Algumas preferem ficar doentes.

• • •

Certas pessoas usam mal a imaginação. O empresário é bem-sucedido e próspero, mas imagina prateleiras vazias e falência. Se continuar assim, sem dúvida, ele irá à falência, mesmo que, no momento, esteja prosperando.

O que ele imagina não existe, mas ele passa um filme em sua mente sobre falência, prateleiras vazias, falta de clientes... e se você passar um filme assim em sua mente, é o que vai acontecer.

Como aprendemos, José — a imaginação — veste um casaco de muitas cores. Sem dúvida, podemos imaginar doenças, fracassos, podemos usar mal qualquer poder, mas é uma tolice fazer isso. Na Bíblia, o casaco representa uma cobertura psicológica. Podemos vestir um casaco de medo ou de fé, de confiança, amor ou boa vontade.

Em termos psíquicos, vestimos certo tipo de traje para nadar, outro para falar com o presidente e outro para uma audiência com a rainha. Naturalmente, você usa determinadas roupas em um banquete, uma ópera etc.

Estamos falando de vestimentas mentais. São atitudes da mente, estados de espírito e sentimentos que cultivamos. O casaco de muitas cores representa as muitas facetas do diamante, sua capacidade de envolver qualquer ideia da forma que quiser.

Seus superpoderes

Você pode imaginar qualquer coisa. Você pode imaginar o que é bom.

Você pode imaginar seu amigo pobre vivendo no luxo. Pode ver seu rosto se iluminar de alegria, sua expressão mudar, nascer um largo sorriso em seus lábios. Pode ouvi-lo dizer a você aquilo que deseja ouvir. Pode vê-lo exatamente como quer vê-lo, radiante, feliz, próspero e bem-sucedido.

Nossa imaginação é o casaco de muitas cores. Ela pode vestir e materializar qualquer ideia e desejo. Podemos imaginar abundância onde há falta, paz onde há discórdia e saúde onde há doença. A Bíblia diz: "Então, lhe disseram seus irmãos: Reinarás, com efeito, sobre nós? E sobre nós dominarás realmente? E com isso tanto mais o odiavam, por causa dos seus sonhos e de suas palavras." (GÊNESIS 37:8) A imaginação é a primeira faculdade do homem, a faculdade primordial, e tem precedência sobre todos os outros poderes de nossa mente.

Temos 12 faculdades ou irmãos, mas nossa imaginação, quando disciplinada, permite que colapsemos o tempo e o espaço e nos elevemos acima de todas as limitações. Quando mantemos nossa imaginação ocupada com conceitos e ideias nobres e divinos, descobrimos que ela é a mais eficaz de todas as faculdades em nossa perspectiva espiritual.

"Do Egito chamei o meu filho." (OSEIAS 11:1) *Egito* é nossa mente subjetiva; Egito também significa miséria, falta, limitação. José é o comandante do Egito e nos diz que a imaginação controla todo o reino conceitual. Seja qual for a prisão em que esteja, você pode imaginar a liberdade, não é? Pode se imaginar com seus entes queridos de novo, fazendo o que ama fazer.

As maravilhas da imaginação disciplinada

Seja a prisão do medo, da doença, carência ou qualquer tipo de limitação, lembre-se de que José é o comandante e pode libertá-lo. Você pode imaginar sua liberdade até que se manifeste na realidade. Após ser gestada na escuridão, vem a manifestação, sua oração é respondida.

O homem que se machuca no campo de beisebol, torce o tornozelo, machuca um tendão, vai para o hospital e fica de repouso. Acaso ele não se imagina de volta ao campo, chutando a bola de novo? Se não fizesse isso, ainda estaria no hospital, nunca sairia. Mas ele diz a si mesmo: "Eu só vou ficar aqui quatro ou cinco dias, no máximo, uma semana", e em sua imaginação, está em campo de novo. Sabemos que isso é verdade; sabemos muito bem que, se ele não se imaginasse de volta ao campo de beisebol, nunca sairia do hospital.

Mas posso assegurar que há certas pessoas que não querem ficar bem. Elas se regozijam com a miséria, com a atenção que recebem e essas coisas. Você deve querer ficar bem, pois a intenção de Deus é que você se expresse no mais alto nível e que exerça suas faculdades no mais alto grau.

No entanto, muitas pessoas neste mundo não querem a cura. Elas se alegram com seu sofrimento e falam sobre isso sem parar. Dizem "meu reumatismo", e dão tapinhas gentis nas pernas. Dizem "minha artrite", "minha enxaqueca" e essas coisas.

Pense em um arquiteto talentoso e disciplinado. Ele pode construir uma cidade linda e moderna em sua mente, com imensas rodovias, piscinas, parques e tal. Pode construir em sua mente o palácio mais lindo que os olhos já viram. Ele pode ver

Seus superpoderes

cada edifício em sua totalidade, completamente erguido, antes mesmo de entregar a planta aos construtores.

Onde estava o edifício? Estava na imaginação dele. Já expliquei que imaginar é conceber. Tudo que podemos conceber pode se materializar. Isso é impregnar a mente inconsciente com uma imagem da ideia, do ideal.

Onde está a invenção? Onde está o filme novo? Onde está aquela sua invenção secreta? Não está em sua mente? Ela é real, tem forma, figura e substância, é outra dimensão da mente. Acredite que você já a tem e a receberá.

Com sua imaginação, você pode realmente ouvir a voz de sua mãe, mesmo que ela more a 10 mil quilômetros de distância. Mentalmente, espiritualmente, ela está diante de você, porque, afinal, somos todos seres mentais e espirituais.

Sua mãe está aí e lhe dizendo o que você anseia ouvir. E o que anseia ouvir? Que ela lhe conte sobre o milagre de Deus na vida dela, que está cheia de vitalidade e ânimo, borbulhando de entusiasmo. Ela está dizendo o que você anseia ouvir, e você adora o que ouve.

Você pode vê-la com clareza também, vividamente, como se ela estivesse ao seu lado. Esse é o poder maravilhoso que possuímos; sabemos muito bem que podemos fazer isso. Podemos desenvolver e cultivar esse poder e ser bem-sucedidos e prósperos.

Suponha que sua mãe esteja doente, no hospital. Mas você não a imagina no hospital, pois tem o conhecimento da verdade. Imaginá-la no hospital seria fixar esse estado nela, e seria algo assustador e terrivelmente estúpido de se fazer. Conhecendo as

As maravilhas da imaginação disciplinada

leis da mente, você percebe que o poder de cura de Deus flui em sua mãe.

Um amor divino está curando-a; um amor divino está guiando-a; um amor divino a observa e dissolve tudo que seja diferente desse amor. O amor divino guia os médicos e enfermeiros que a atendem.

Essa seria sua afirmação, mas sua afirmação tem que concordar com sua imagem. Portanto, você não a imagina no hospital. Ela está bem ao seu lado e está lhe contando que o milagre de Deus aconteceu, que se sente maravilhosa, que é tocada pelo Todo-Poderoso. É isso que você quer ver.

Fazendo isso, você está realmente orando, realmente entendendo as leis da mente, e é um bom praticante. Mas quando você afirma uma coisa e imagina outra, isso é o que se chama hipocrisia na Bíblia. Você não obtém resultados porque sua imagem tem que concordar com sua afirmação. Nada poderia ser mais simples que isso.

Com frequência eu digo que 99% das pessoas não sabem orar. Sim, elas usam orações maravilhosas, mas imaginam o pai, a mãe, o filho na prisão ou no hospital, doentes, com problemas.

• • •

Já ouvi um gerente de vendas dizer algo assim: "Tenho que mandar João embora porque a atitude dele é errada"? Mudando sua atitude, você muda tudo. O mundo dos negócios sabe a importância da atitude correta.

Seus superpoderes

A atitude é nossa reação mental a pessoas, circunstâncias, condições, objetos no espaço. Qual é seu relacionamento com seus colegas de trabalho? Você é simpático com pessoas, com os animais, com o universo em geral? Acha que o universo é hostil, que o mundo lhe deve alguma coisa? Em suma, qual é sua atitude? Perceba em sua atitude que Deus está guiando você.

Quando há ação correta em nossa vida, irradiamos amor, paz e boa vontade para todas as pessoas do mundo. Ao mudarmos nossa atitude, mudamos nosso universo inteiro. Todas as fases de nossa vida magicamente se fundem na imagem e semelhança de nossa atitude.

Se você imagina, por exemplo, que o outro é mau, desonesto e invejoso, observe a emoção que invocou dentro de si. Agora, inverta a situação. Comece a imaginar a mesma pessoa como honesta, sincera, amorosa e gentil. Observe a reação que isso desperta em você. Portanto, você é ou não mestre de sua atitude? A verdade de toda essa questão é que seu conceito real de Deus determina toda sua atitude em relação à vida.

Suponhamos que o professor diga que seu filho é lento na escola. Ele não consegue aprender muito bem. Vamos supor que você seja a mãe: o que vai fazer? Suponhamos, também, que você conhece as leis da mente e o caminho do espírito.

Você se senta em uma cadeira, ou no sofá, relaxa primeiro e mobiliza sua atenção. Quando relaxa o corpo, obviamente sua mente se aquieta. Então, você pode dizer:

> Meus pés estão relaxados, meus músculos abdominais estão relaxados. Meu coração e meus pulmões

As maravilhas da imaginação disciplinada

estão relaxados. Minha coluna está relaxada. Meu pescoço está relaxado. Minhas mãos e meus braços estão relaxados. Meu cérebro está relaxado. Meus olhos estão relaxados. Todo meu ser está completamente relaxado, da cabeça aos pés.

Quando você está relaxado, seu corpo tem de lhe obedecer. Sempre que você relaxa e acredita, sua oração é respondida. Se não relaxar, não obterá resultados. Relaxe e acredite. O Todo-Poderoso começa a funcionar nesse momento específico, e quando relaxa seu corpo, relaxa sua mente; sua mente silencia e se aquieta.

Então, o que você faria com seu filho? Você o imaginaria à sua frente lhe dizendo: "Mãe, só estou tirando nota dez. E a professora me deu os parabéns." Assim, você percebe que a inteligência infinita é ressuscitada no menino, que a sabedoria de Deus unge seu intelecto. Ele está feliz, alegre e livre. Deus o habita, anda e fala nele, e você vê uma luz em seus olhos. Ele está lhe dizendo o que você, como mãe, anseia ouvir.

Ele diz: "A professora me elogiou. Estou indo muito bem em todas as matérias." Você passa esse filme repetidamente em sua mente e ressuscita a sabedoria e a inteligência de Deus — que estavam adormecidas — dentro do menino. Elas estavam lá, e a mãe pode chamá-las à tona.

Isso não é imaginação disciplinada? Então, seu filho lhe dirá objetivamente aquilo que você o ouviu dizer subjetivamente naquele estado passivo, psíquico, receptivo. Estamos falando sobre imaginação disciplinada, controlada, direcionada, e sobre as leis da mente. Essas coisas funcionam.

Seus superpoderes

O cientista moderno sabe disso. Sua ideia dominante sobre Deus é sua ideia de vida, ou que Deus é vida. Você tem a ideia, a atitude dominante de que Deus é o poder espiritual que o habita, responsivo aos seus pensamentos. Portanto, quando seu pensamento e suas imagens habituais são construtivos e harmoniosos, esse poder o guia e o faz prosperar em todos os seus caminhos.

Essa atitude dominante cobre tudo. Você olha o mundo com a atitude positiva e afirmativa da mente. Sua perspectiva é positiva, e você tem a alegre expectativa do melhor.

Muitas pessoas têm uma visão sombria e desanimada da vida. São amargas, cínicas e rabugentas. Isso se deve à atitude mental dominante que direciona a reação delas a tudo. A alegria de uma pessoa geralmente dura pouco quando ela fica o tempo todo falando de coisas tristes, mesmo quando algo maravilhoso acontece em sua vida ou de sua família.

Um jovem de 16 anos, estudante do ensino médio, disse-me: "Estou tirando notas muito baixas. Minha memória está ruim. Não sei o que está acontecendo." O único problema que ele tinha era a atitude. Ele adotou uma nova atitude mental ao perceber como seus estudos eram importantes para entrar na faculdade e se tornar advogado.

Ele começou a orar cientificamente, que é uma das maneiras mais rápidas de mudar a mentalidade. Na oração científica, lidamos com o princípio que responde ao pensamento. Esse jovem percebeu que havia um poder espiritual dentro dele, e era a única causa e poder.

Além disso, ele começou a afirmar que sua memória era perfeita, que a inteligência infinita sempre lhe revelava tudo que ele

As maravilhas da imaginação disciplinada

precisava saber, em todos os momentos, em todos os lugares. Ele começou a irradiar amor e boa vontade aos professores e colegas, isso é muito importante.

Esse jovem, agora, desfruta de uma liberdade maior do que jamais conheceu. Ele se senta, quieto e calado, e imagina os professores e sua mãe lhe dando os parabéns por seus resultados maravilhosos. Isso é imaginar os resultados desejados com essa mudança de atitude em relação aos estudos.

Se você imaginar, regular e sistematicamente, que é bem-sucedido, que faz o que ama, e não negar o que afirma, só poderá ser bem-sucedido. Você será bem-sucedido porque tem o alicerce da lei da mente.

Dissemos, anteriormente, que todas as nossas atitudes mentais são condicionadas pela imaginação, e que você pode usá-la de duas maneiras, assim como pode usar seu pensamento de duas maneiras também. Você pode usar qualquer força da natureza de duas maneiras.

Você pode usar ácido nítrico para queimar o corpo ou pintar uma imagem da Virgem Maria em um vitral. Pode usar água para afogar seu filho ou saciar sua sede. Não há nada de errado com água. O vento que joga um navio nas rochas também o levará em segurança se você aprender as leis da navegação.

Não há nada de errado com as leis da química, elas são confiáveis. Podemos misturar produtos químicos de uma forma maravilhosa para abençoar a humanidade e curar pessoas de várias doenças, ou podemos, sem conhecer as leis da atração, repulsão ou os pesos atômicos, explodir o laboratório.

Seus superpoderes

Você pode imaginar que hoje será um péssimo dia. Os negócios serão muito ruins. Está chovendo, nenhum cliente entrará em sua loja. Ninguém têm dinheiro. E você experimentará os resultados de suas imagens negativas.

• • •

Eu dei aulas para corretores de imóveis e me lembro de um caso, não muito tempo atrás, de uma mulher que queria vender uma casa de meio milhão de dólares. Não foi em Los Angeles, foi bem longe dessa cidade. Ela me ligou e disse: "As pessoas não têm tanto dinheiro hoje em dia. Meu marido faleceu. Meu pai, de quem herdei a casa, também faleceu. Sou viúva, sozinha e quero vender a casa, mas as pessoas vêm visitá-la e nunca mais voltam."

Eu instruí a ela: "Veja o que você vai fazer para acabar com isso. Ande por essa sua mansão, mostrando-a a um comprador imaginário. Mostre a casa toda, até a garagem, e visualize-o dizendo: 'Gostei, vou comprá-la', e imagine-o lhe dando um cheque.

"Tudo isso está em sua imaginação. Você está feliz e leva o cheque ao banco. O gerente lhe diz: 'Parabéns, você vendeu a casa.' Tudo isso está em sua mente. Você se vê mostrando a casa toda, e ele, satisfeito, dizendo: 'Vou ficar com ela.'

"Você visualiza isso em sua mente. Você libera isso porque vende a casa em sua mente. Se não vendê-la em sua mente, nunca a venderá, pois todas as transações acontecem na mente. Você só pode ganhar ou perder por meio da mente."

As maravilhas da imaginação disciplinada

Todas as transações ocorrem na mente; isso é o básico. Para mim, às vezes é quase impossível entender o pensamento das pessoas, porque isso tudo é tão simples, tão profundamente simples que uma criança de 7 anos poderia entender. Se você não for capaz de ensinar isso a uma criança de 7 anos em sua própria casa, é porque não sabe. Porque se soubesse, poderia transmitir esse conhecimento a ela.

Você não pode vender uma casa se não houver alguém que queira comprá-la e que tenha dinheiro para isso. Mas se ficar dizendo a si mesmo: "Quem tem meio milhão de dólares hoje em dia? O dinheiro está curto, e os juros, muito altos", estará derrotado antes mesmo de começar.

Você só pode vender uma casa se alguém a quiser, e a inteligência infinita sabe onde essa pessoa está. Portanto, simplesmente pense: "A inteligência infinita atrai para mim o comprador que quer esta casa, que a valoriza, que prospera nela e que tem dinheiro." Assim, você se livra de todas as pessoas que não têm um centavo, que só querem ver a casa. Você não é guia turístico, portanto, decrete que somente quem tiver dinheiro pode visitar a casa.

Agora você a mostra ao comprador em sua imaginação. Você a mostra e ele está satisfeito. Você mostra tudo que mostraria, tudo que deve mostrar, e a vende. Isso vai acontecer. Essa é a maneira mais rápida do mundo de vender.

• • •

Seus superpoderes

Certa vez, o juiz Troward estava andando pelas ruas de Londres. Ele imaginou ter visto uma cobra na rua, e o medo o fez ficar semiparalisado. O que ele viu parecia uma cobra. Ele sabia que não havia cobras em Londres, mas teve a reação mental e emocional de ter visto uma cobra de fato.

O que você vai imaginar, então? A Bíblia diz:

> Finalmente, irmãos, tudo o que é verdadeiro, tudo o que é respeitável, tudo o que é justo, tudo o que é puro, tudo o que é amável, tudo o que é de boa fama, se alguma virtude há e se algum louvor existe, seja isso o que ocupe o vosso pensamento. (FILIPENSES 4:8)

Pense nessas coisas, imagine-as.

Você imagina sua filha lhe dizendo coisas amáveis e dignas, e seu filho também. O que imagina sobre a vida? Uma vida feliz ou uma longa vida de frustração? "Escolhei, hoje, a quem sirvais." (JOSUÉ 24:15)

Você molda, cria e dá forma ao seu mundo exterior, à sua experiência, de acordo com as imagens mentais que habitualmente cultiva. Imagine condições e circunstâncias na vida que dignificam, elevam, engrandecem e satisfazem. Imagine seu marido lhe dizendo o que você deseja ouvir.

Sente-se em um lugar tranquilo, feche os olhos e desperte. O conto Rip van Winkle, de Washington Irving, só dormiu por vinte anos. Sente-se em um lugar tranquilo, mobilize sua atenção e relaxe. Se não relaxar, não obterá resultados com sua oração. Quando você relaxa e acredita, sua oração sempre funciona.

As maravilhas da imaginação disciplinada

Relaxe, desapegue, e seu marido lhe dirá o que você deseja ouvir. Ele dirá: "Amo você, querida. Acho você maravilhosa." Ele lhe dirá aquilo que você anseia escutar. Que teve uma promoção no trabalho, que está fazendo o que ama. Ele lhe dirá o que você almeja ouvir: quanto a ama, quanto se importa com você, que foi promovido, que a vida é maravilhosa para ele, que está muito feliz em sua nova função. Ele lhe dirá o que você deseja ouvir. Ouça, ouça sempre, e não negue o que você afirmou.

Assim, ele lhe dirá objetivamente aquilo que você o ouviu dizer subjetivamente, porque você está ouvindo o que ele deveria dizer segundo a Regra de Ouro e a lei do amor. Dessa forma, você não pode estar errada, não é?

Recebo cartas de homens de todo o país que dizem: "Quero que tal mulher se case comigo, mas ela não me dá atenção. Pode me dizer como orar para conquistá-la?" Isso não tem a ver com oração.

E eu respondo: "Não consigo imaginar um único homem em sã consciência no mundo que queira uma mulher que não o quer."

Para você, mulher, não consigo imaginar que possa querer um homem que não a queira. Para mim, isso é insanidade. O amor é algo mútuo. Se você está apaixonada, saiba que existe uma lei natural de relacionamento recíproco. Isso é bem claro.

Se uma mulher diz, por exemplo: "Estou loucamente apaixonada por Fulano de Tal", eu pergunto: "E como Fulano trata você? O que ele diz? Ele a pediu em casamento? Deu-lhe uma aliança? Disse que vocês vão se casar no dia 10 de novembro, por exemplo?"

Seus superpoderes

"Ah, não, mas ele sorriu para mim e é legal comigo." Céus! É por isso que eu digo tantas vezes que Rip van Winkle só dormiu por vinte anos.

Se você está apaixonado por uma pessoa, essa pessoa precisa estar apaixonada por você. Devemos amar todo mundo, ou seja, temos de irradiar amor a todos, paz e boa vontade, cordialidade, simpatia, desejar às pessoas todas as bênçãos da vida. E se você não faz isso, está seriamente encrencado.

Mas é nesse sentido que devemos amar a todos. Temos de desejar a todos o que desejamos para nós mesmos, o que significa não coagir o outro, não tentar forçá-lo a amar você ou se casar com você. Isso é magia sombria, e volta como um bumerangue para você. É loucura — essa é a única palavra para isso.

• • •

Se você se imagina — ou imagina a vida — fria, cruel, dura e amarga, a luta e a dor serão inevitáveis. Você torna sua vida um imenso sofrimento porque é isso que imagina.

Imagine-se em um campo de golfe. Você é livre, está relaxado e cheio de entusiasmo e energia. Sua alegria está em superar todas as dificuldades que se apresentam no campo de golfe. A emoção está em superar todos os obstáculos.

Agora, imagine que está entrando em uma funerária. Observe a diferente resposta emocional que provoca em você imaginar-se nessa situação, na capela da funerária. Se conhece as leis da mente, se não vive na Idade das Trevas, se não vive hipnotizado, se não sofreu lavagem cerebral, você pode celebrar o novo aniversário do falecido.

As maravilhas da imaginação disciplinada

Você consegue imaginar seu ente querido cercado de amigos, no meio de uma beleza indescritível na próxima dimensão da vida. Consegue imaginar o rio de paz de Deus inundando a mente e o coração de todos os presentes. Consegue realmente ascender aos céus de sua própria mente onde quer que esteja — esse é o poder da imaginação. Você pode elevar todos, porque é um novo aniversário em Deus.

Nos funerais modernos de hoje, não há corpo. A filha ou o filho diz: "Gostaria de uma cerimônia fúnebre para meu pai, ou minha mãe. Queremos nos reunir, fazer uma meditação celebrando seu novo aniversário em Deus." Isso é bom senso, e é lindo ver as pessoas despertando para essas verdades hoje.

Não há ninguém enterrado em lugar nenhum, e se você acha que as pessoas estão enterradas em algum lugar, é porque se identifica com cessação, finitude e limitação. Você está construindo um cemitério em sua própria mente, e sabe os terríveis resultados negativos disso, não é?

José teve outro sonho e disse a seus irmãos: "Teve ainda outro sonho e o referiu a seus irmãos, dizendo: Sonhei também que o sol, a lua e onze estrelas se inclinavam perante mim." (GÊNESIS 37:9)

Na simbologia antiga, o sol e a lua representam o consciente e o inconsciente. As 11 estrelas representam os 11 poderes, além da imaginação, porque temos 12 poderes. Os 12 discípulos estão dentro de nós. Eles não são homens.

Mais uma vez, os escritores inspirados estão dizendo que a imaginação disciplinada tem precedência sobre todas as outras faculdades da mente e controla a direção do consciente e do

Seus superpoderes

inconsciente. A imaginação é a primeira e mais importante, e pode ser cientificamente direcionada.

Um parente meu, que é professor, estava examinando as torres redondas da Irlanda. Eu o acompanhava; durante uma hora, ele não disse nada. Permaneceu passivo e receptivo, aparentemente pensativo. Então, eu lhe perguntei sobre o que estava meditando.

Ele disse que é somente ao meditar sobre as grandes e maravilhosas ideias do mundo que crescemos e nos expandimos. Ele contemplou a idade daquelas pedras da torre e sua imaginação o levou às pedreiras de onde elas foram tiradas. Sua imaginação desnudou as pedras e ele viu, com o olho interior, a estrutura, a formação geológica, a composição das pedras, e as reduziu ao estado sem forma.

Por fim, imaginou a unidade daquelas pedras com todas as pedras e com toda a vida, com o mundo inteiro, pois existe apenas uma substância. Nessa imagem divina, ele percebeu que era possível reconstruir a história irlandesa olhando para aquela torre redonda.

Isso é uma verdade absoluta; pode ser feito, pois existe apenas uma substância, uma lei, uma vida, uma verdade.

Nas pedras das torres circulares está a memória de um povo. Por quê? Isso é subjetivo, não é duro e sólido. A pedra é viva. Não existe nada morto neste universo. Aquela pedra que julgamos ser matéria inanimada está viva.

Com sua faculdade imaginativa, esse professor foi capaz de ver homens invisíveis vivendo naquelas torres redondas, ouvir suas vozes. Então, aquele lugar se fez vivo para ele em sua

As maravilhas da imaginação disciplinada

imaginação. Por meio desse poder, ele foi capaz de voltar no tempo, onde não havia torre circular. Em sua mente, ele teceu uma dramatização daquele lugar; de onde aquelas pedras eram originárias, quem as havia levado até ali, qual era o propósito daquela estrutura e a história vinculada a ela.

Como ele me disse: "Quase consigo sentir o toque e ouvir o som de passos que desapareceram há milhares de anos." De onde vem esse romance? De onde vem a poesia? De onde vem a história do homem?

A mente subjetiva permeia todas as coisas. Ela está em todas as coisas e é a substância da qual elas são feitas. O tesouro da eternidade está nas pedras que compõem um edifício. Nada é inanimado. Tudo é vida em suas variadas manifestações.

O sol e a lua prestaram reverência a José, que é imaginação disciplinada. Por meio da faculdade da imaginação, você pode identificar os segredos invisíveis da natureza que lhe são revelados. Você descobrirá que pode sondar as profundezas da consciência, convocando as coisas como se elas já fossem realidade, e o invisível se torna visível.

É da mente imaginativa do homem que nascem todas as religiões. Não foi do reino da imaginação que a televisão, o rádio, o radar, os superjatos e todas as invenções modernas surgiram? Nossa imaginação é o tesouro do infinito que libera para nós todas as joias preciosas, a música, a arte, a poesia e as invenções.

Observando uma ruína, um templo ou uma pirâmide antigos, podemos reconstruir os registros do passado morto. Nas ruínas de antigos cemitérios, podemos ver uma cidade moderna ressuscitada em toda sua beleza e glória. Podemos viver na

Seus superpoderes

carência, ou presos atrás de grades de pedra, mas, em nossa imaginação, podemos encontrar uma liberdade jamais sonhada.

Posso ver Shakespeare ouvindo as histórias e os mitos de sua época. Também posso imaginá-lo sentado, relacionando todos os personagens de uma peça em sua mente, vestindo-os um por um, dando-lhes cabelo, pele, músculos e ossos, e então os animando e tornando-os tão vivos que temos a impressão de estar lendo sobre nós mesmos.

As histórias de Shakespeare, como as parábolas da Bíblia, são sobre nós. Todos os personagens estão dentro de nós, assim como todos os personagens de Shakespeare estão dentro de nós.

Use sua imaginação. Cuide dos negócios de seu Pai. O negócio de seu Pai é deixar que surjam sua sabedoria, habilidade, conhecimento e capacidade e abençoar os outros assim como a si mesmo. Cuide dos negócios de seu Pai como se cuidasse de uma loja pequena, e, em sua imaginação, visualize-se cuidando de uma loja maior, oferecendo mais serviço aos seus semelhantes. Se você escreve contos, escreva sobre os negócios de seu Pai.

Crie uma história em sua mente que ensine algo sobre a Regra de Ouro e a lei do amor, pois a fé opera pelo amor. Você pode ter a fé que move montanhas, mas se não tiver amor, não irá muito longe. Amor é boa vontade, cordialidade, simpatia. É boa vontade para com todos os homens, desejando-lhes todas as bênçãos da vida.

Passe a história que está escrevendo e seus personagens por sua mentalidade espiritualizada e altamente artística. Ela será fascinante e muito interessante para seu público. Os maravilhosos poderes da imaginação estão dentro de você.

As maravilhas da imaginação disciplinada

Seria algo incrível se todos nós, de tempos em tempos, reformulássemos nossas ideias, analisássemos nossas crenças e opiniões. Pergunte a si mesmo: "Por que acredito nisso? De onde veio essa opinião?" Talvez muitas ideias, teorias, crenças e opiniões que você tem sejam errôneas, aceitas como verdadeiras sem que tenha investigado sua veracidade ou precisão.

Arqueólogos que estudam os túmulos do antigo Egito reconstroem ruínas por meio de sua percepção imaginativa. O passado morto se torna vivo e audível mais uma vez. Observando as ruínas e os hieróglifos antigos, o antropólogo fala de uma época na qual não havia linguagem. A comunicação era feita por grunhidos, gemidos e sinais, porque houve um tempo no qual o homem não falava.

A imaginação dos cientistas lhes permitiu vestir os antigos templos com telhados, cercá-los de jardins, piscinas e fontes. Os fósseis são vestidos com olhos, tendões e músculos e novamente andam e falam. O passado se transforma no presente vivo. Descobrimos que não há tempo ou espaço na imaginação.

Por meio de sua faculdade imaginativa, você pode ser companheiro dos escritores mais inspirados de todas as eras.

> E lhes enxugará dos olhos toda lágrima, e a morte já não existirá, já não haverá luto, nem pranto, nem dor, porque as primeiras coisas passaram. E aquele que está assentado no trono disse: Eis que faço novas todas as coisas. (APOCALIPSE 21:4-5)

Realize seu desejo

O desejo é uma dádiva de Deus. Como disse John Browning: "És Tu, Deus, que dás, sou eu que recebo." O desejo move o homem. É o objetivo da ação. Está por trás de todo progresso. Desejar saúde, felicidade, lugar verdadeiro, abundância e segurança... esses desejos são os mensageiros do infinito que estão em nós e nos dizem: "Venha mais alto. Eu preciso de você."

O desejo está por trás de todo progresso. É o impulso do princípio da vida dentro de nós. É graças a ele que nos desviamos de um ônibus que se aproxima, porque temos o desejo básico de preservar a vida. O agricultor planta sementes devido a seu desejo de ter comida para si e sua família. O homem constrói aviões e naves espaciais devido a seu desejo de colapsar o tempo e o espaço e explorar o mundo.

O desejo é o impulso do infinito que nos diz algo que, se aceitarmos, tornará nossa vida mais plena e feliz. Quanto maior

Seus superpoderes

o benefício esperado, mais forte é nosso desejo. Onde não há benefício, ganho ou avanço esperado, não há desejo. Consequentemente, não se encontra nenhuma ação.

Não realizar nossos desejos de ser, fazer e ter por muito tempo resulta em frustração e infelicidade. Estamos aqui para escolher a felicidade, a paz, a prosperidade e todas as bênçãos da vida. Nosso desejo permite que digamos: "Isto é bom, portanto, eu o escolho. Mas isto é negativo, por isso o rejeito." Toda escolha implica a percepção de algo preferível a algo rejeitado.

A ideia que algumas escolas de pensamento têm de aniquilar e suprimir o desejo gera consequências desastrosas. Se o homem conseguisse tal feito, o bem e o mal seriam iguais para ele, pois nada teria o poder de lhe despertar nenhum desejo. Ele estaria morto para todo sentimento e motivo de ação.

Seu desejo significa que você escolhe uma coisa em detrimento de outra, e onde o desejo é extinto, a capacidade de escolha não pode existir. Troward, autor de muitos livros sobre mente e espírito, fala dos devotos indianos, que, pela resolução de esmagar todo desejo, tanto para o bem quanto para o mal, acabaram se tornando formas humanas atenuadas, carcaças sem esperança do que antes foram homens vivos.

O juiz Troward aponta que a extinção do desejo significa apatia, nenhum sentimento e nenhuma ação. O desejo é a causa de todo sentimento e toda ação e é o princípio que move o universo. O desejo é o poder criativo e deve ser canalizado, direcionado sabiamente. A realização do desejo ocorre em nossa mente.

Não há desejos malignos no verdadeiro sentido. Por exemplo, se você é pobre, deseja riqueza. Se está doente, deseja saúde;

Realize seu desejo

a saúde seria sua salvação. Se está na prisão, a liberdade seria sua salvação. Se está morrendo de sede no deserto, a água seria sua salvação. Você pode desejar amor, companheirismo ou talvez um lugar verdadeiro. A realização de seu desejo será sua salvação.

Pode acontecer de desviar ou interpretar mal o desejo que brota dentro de você. O homem que deseja riqueza, em sua ignorância, pode realizar seu desejo matando um banqueiro ou roubando uma loja. Isso é desvio de desejo, e esse homem acabará na prisão por assassinato.

Se ensinarmos a um homem que dentro dele há uma inteligência infinita que criou o universo e todas as coisas nele contidas, que pode satisfazer todos os seus desejos, ele superará a ideia de oposição e frustração. O desejo do homem por comida é legítimo e normal, mas matar alguém por um pedaço de pão gera violência, oposição, culpa e autodestruição.

Existe um poder dentro do homem que o elevará, que o colocará no caminho da felicidade, saúde, paz de espírito e realização de seus maiores sonhos, sem privar nenhuma outra pessoa de suas bênçãos.

• • •

Há algum tempo, um homem falido, desempregado e terrivelmente frustrado esteve em uma de minhas palestras e ouviu os quatro passos da oração. Quando foi para casa, ele os aplicou. Ele nunca havia ouvido uma palestra sobre a mente, mas pensou: "Isso faz sentido."

Seus superpoderes

Ele fez uma lista com três coisas que queria. Talvez você diga que eram coisas materiais, mas eram as necessidades dele, ele tinha direito a elas. Os itens da lista desse homem eram um lugar verdadeiro, um carro e todo o dinheiro de que precisava. Ele escolheu essas coisas concretas para ver se seus pensamentos eram coisas. Queria provar que a ideia de uma coisa é a coisa em si.

O que é um carro? Acaso não é uma ideia espiritual parada em frente à sua casa? Imaginemos que todos os motores do mundo foram destruídos por um grande desastre. Acaso um engenheiro não poderia criar um novo projeto e os motores seriam fabricados aos milhões? Onde você acha que o automóvel está? Não está na mente do engenheiro?

Todas as coisas que vemos provém da mente invisível do homem — a mente invisível do infinito. É aí que está a riqueza, a saúde e tudo mais.

Eu disse na palestra: "A ideia é a realidade por trás da forma." A ideia de um livro que estou escrevendo está onde? Está em minha mente.

Esse homem definiu e estabeleceu um método de trabalho e o praticou conscienciosamente todos os dias, por tempo o bastante para lhe dar uma chance. Esse homem sabia que não aprendemos a nadar depois de uma ou duas tentativas. Ele orou por um lugar verdadeiro da seguinte forma:

> Eu sei que a inteligência infinita responde a mim. Ela está, agora, revelando para mim meus verdadeiros talentos. Estou ciente de meus talentos ocultos.

Recebo uma renda maravilhosa. Eu sei que a ideia de lugar verdadeiro e sua manifestação são unas na mente divina. Sigo a direção que vem à minha mente consciente e racional. É impossível que eu não a perceba. Ela vem clara, distintamente, e eu a reconheço.

Duas semanas depois de começar seu experimento, ele assinou um contrato de trabalho em São Francisco. Ele agradeceu e celebrou a lei de sua própria mente. Então, passou para o objetivo seguinte, um carro novo. Ele não tinha dinheiro para comprá-lo, mas me disse: "Eu sei que tenho a ideia de um carro. É uma realidade, e vou permanecer fiel a ela. Ele vai se manifestar."

Ele ganhou um carro em uma rifa. Conhecia o segredo do inconsciente: que se se identificasse mental e emocionalmente com a ideia, o inconsciente a faria acontecer. E ficou muito grato.

Seu pedido seguinte era riqueza. Todas as manhãs e noites, durante seu momento de oração, ele agradecia pelas riquezas de Deus que circulavam em sua vida, afirmava que sua ideia de riqueza estava realizada. Ele se apaixonou por uma viúva rica em São Francisco e ela financiou a empresa dele.

Esse homem definiu e estabeleceu um método de trabalho, afirmou cada desejo como já realizado. Afirmou cada um separadamente, mas todos ao mesmo tempo durante sua meditação matutina e noturna. Se você orar como esse homem e nenhuma melhora ocorrer em poucas semanas, descarte esse método e adote outro.

Lembre-se, existe uma resposta que é tão certa quanto o sol nascente. Neste momento, enquanto escrevo isto, há um jovem

Seus superpoderes

da DeMolay me ouvindo. Ele decretou que sua mente inconsciente lhe revelaria o plano perfeito para ir a uma reunião da DeMolay em Oregon. O caminho se abriu e ele foi convidado a ir com todas as despesas pagas.

Ano passado, ele também decretou que a inteligência infinita que habita seu inconsciente revelaria o plano perfeito para fazer uma viagem à Europa e visitar muitos países. O caminho se abriu e todas as suas despesas foram pagas por parentes. Ele sabia como usar a mente mais profunda, mas estava desempregado. Não tinha um centavo no bolso, mas o caminho se abriu, assim como aconteceu com aquele homem. A mente mais profunda respondeu.

Se o homem tivesse dinheiro, sem dúvida compraria um carro, mas o ganhou em uma rifa. Que diferença faz como o conseguiu? Afinal, não o roubou. Você não precisa roubar nada, pois tem a capacidade de acessar o depósito ilimitado dentro de si. Afirme o que você quer. Sinta, celebre e acontecerá.

Cultive a simplicidade e a espontaneidade, acredite que tudo o que pedir em oração, receberá. Decida, agora mesmo, que você pode fazer tudo que deseja, pode ser o que deseja. Nenhuma pessoa esclarecida acredita, hoje em dia, que um destino cruel nos condena à doença, à miséria ou ao sofrimento. Isso é crença da selva. É uma bobagem, uma estupidez sem tamanho.

A presença de Deus é o princípio de vida infinita que está dentro de nós e que sempre busca nos curar. Sua tendência é nos restaurar. Sua tendência também é iluminar nosso caminho. Nada além de nossos pensamentos e nossas falsas crenças nos amarra na mediocridade, na falta de saúde, em uma condição miserável.

Realize seu desejo

Saia da prisão do medo, da carência e da solidão. Pare de pensar que Deus é um velho barbudo que fica sentado no céu. Deus é a presença infinita, o poder infinito e a inteligência infinita que nos habita que cuida de nós quando estamos dormindo profundamente, que nos auxilia na digestão dos alimentos, que nos responde se dissermos que queremos acordar às 2h da manhã. Ele nos acorda, não é?

Perceba que a presença infinita da cura está dentro de você e pode restaurá-lo. É blasfêmia dizer que Deus o está punindo. É pura ignorância. A ignorância é o único pecado neste universo, e toda punição, miséria e sofrimento são consequências dela.

Sua mente e seu corpo são um. No campo da medicina psicossomática, sabe-se que é impossível dizer onde termina o corpo e começa a mente. Hoje, pesquisas revelam que as causas ocultas das doenças físicas estão nas emaranhadas profundezas da mente, na raiva, nos desejos frustrados, na inveja e ansiedade.

É tolice culpar um ser infinito pelos problemas que causamos a nós mesmos com nossos pensamentos equivocados, com o mau uso da lei. Se usarmos o princípio da eletricidade com ignorância, teremos problemas, não é? Podemos usar água para afogar uma criança, mas a água não é má. Podemos fazer uma bomba elétrica e explodir pessoas, mas a eletricidade não é má; podemos fritar um ovo com ela. Como você a utiliza?

Os princípios da vida não são maus; depende de como os usamos. Qual é sua motivação? Você pode usar o poder de seu inconsciente de forma negativa ou construtiva.

● ● ●

Seus superpoderes

Uma jovem me disse que tudo que desejava era sabedoria. Esse é o desejo geral de todo mundo, embora nem todos usem a mesma terminologia. Quando temos sabedoria, nós nos expressamos totalmente, aqui e agora. Um carro é uma ideia espiritual parada em frente à sua casa. Um sanduíche de presunto é uma resposta à sua oração quando você está com fome e é espiritual também. Se você canta bem no palco, é tão espiritual quanto um homem que entoa o Salmo 23 no coral.

O homem que conserta o telhado de sua casa está realizando um trabalho espiritual tão bem quanto um pastor, padre ou rabino que lê um texto da Bíblia ou faz um sermão.

Perceba que o espírito e o corpo são um só. Pare de olhar com desprezo para as coisas materiais. Pare, de uma vez por todas, de separar o espírito de Deus da carne e do sangue do mundo. Eles são um e o mesmo.

Alguém perguntou a Einstein certa vez: "O que é matéria?" E ele respondeu: "Espírito ou energia reduzida ao ponto de visibilidade." Os antigos hindus, há 10 mil anos, afirmaram: "A matéria é o espírito reduzido ao ponto de visibilidade." Disseram que espírito e matéria são um, que a matéria é o grau mais baixo do espírito, e o espírito é o grau mais elevado da matéria.

Cada ato físico, por mais básico que lhe pareça, é o espírito vivo dentro de você animando a forma material. Você não se degrada ou rebaixa quando esfrega um chão sujo ou limpa estábulos. Mas, se condena qualquer coisa neste mundo, aí, sim, você se rebaixa e deprecia.

O bem e o mal estão em nossos pensamentos; colorimos tudo no universo segundo a maneira como pensamos e senti-

Realize seu desejo

mos. Não critique, não condene, não despreze seu corpo nem o mundo. Seu corpo é o templo do Deus vivo. Paulo diz que devemos glorificar a Deus em nosso corpo e o mundo inteiro é o corpo de Deus. O mundo é a dança de Deus. O mundo é a canção de Deus.

Vamos meditar agora. No centro de seu ser está a paz. É a paz de Deus. Nessa quietude, você sente a força, a alegria e o amor de Sua presença sagrada. Perceba que a inteligência infinita o conduz e guia em todos os seus caminhos. É uma lâmpada para seus pés. É uma luz em seu caminho. Monte o cavalo branco, que é o espírito de Deus navegando nas águas de sua mente. Tire sua atenção do problema e se debruce sobre a realidade do desejo concretizado.

Veja o fato consumado. Celebre-o. Vá sempre até o fim, e ao ver o fim, você verá os meios para chegar até ele.

O incrível poder da sugestão

Se chamarmos uma criança de burra, idiota, ignorante, ela começará a aceitar isso e seu subconsciente responderá de acordo. Se começarmos a falar mal de um político, espalharmos mentiras sobre ele, muitas pessoas ampliarão essas mentiras com hostilidade, animosidade e abuso virulento.

Há certo tempo, vi uma jovem atrás do balcão de uma loja de departamentos e a elogiei. "Você é muito bonita, muito charmosa", falei. "Não sou, não", disse ela.

E eu perguntei: "Por que acha isso?"

"Minha mãe sempre me disse que sou esquisita, desajeitada e muito sem graça", respondeu ela. Essa jovem acreditava nisso, devido às afirmações de sua mãe, e estava cheia de amargura, ressentimento, e vivia um profundo conflito interno. Na verdade, a mãe lhe dizia essas coisas por inveja, porque a jovem

Seus superpoderes

era, sim, charmosa e bonita, e falava muito bem. Eu lhe disse que tudo que colocasse depois de "Eu sou", ela seria. E lhe escrevi o seguinte: "Eu sou filha de Deus, filha do infinito. Sou iluminada e inspirada. Sou feliz, alegre e livre. Um com Deus é maioria, e se Deus é por mim, quem nesta Terra pode ser contra mim?"

Quando passou a afirmar isso, ela mudou. Agora não está mais deprimida, pois exalta o Deus que a habita, e Deus é o espírito vivo Todo-Poderoso que nos criou e criou todo o universo.

• • •

O juiz Thomas Troward, que escreveu livros ímpares sobre a ciência da mente, viveu trinta anos na Índia.

Ele afirmou: "Quando admitimos que existe um poder fora de nós, por mais benéfico que possamos concebê-lo, plantamos a semente que, mais cedo ou mais tarde, dará o fruto do medo, que é a ruína total da vida, do amor e da liberdade. Nós somos o princípio da vida. A diferença está apenas entre o genérico e o específico da mesma coisa. Que esta seja a grande fundação e nunca admitamos, nem por um instante, nenhum pensamento oposto a esta verdade básica do ser."

Essa é a melhor coisa que Troward já disse. Repetindo: quando admitimos que existe um poder fora de nós, e esse poder é pensado, por mais benéfico que possamos concebê-lo, plantamos a semente que, mais cedo ou mais tarde, dará o fruto do medo, que é a ruína total da vida, do amor e da liberdade.

Eu repeti esse conceito para que ele entre em sua corrente sanguínea, para que você o escreva em seu coração, indelevelmente.

O incrível poder da sugestão

Pense nisso mil, 5 mil vezes ao dia. Quando seus pensamentos são os pensamentos de Deus, o poder do Senhor está com seus pensamentos do bem. Esse é o significado de "Um com Deus é maioria, e se Deus é por mim, quem nesta Terra pode ser contra mim?".

As sugestões dos outros não têm poder para criar aquilo que sugerem. O movimento criativo está em seu próprio pensamento: "No princípio era o Verbo, e o Verbo estava com Deus, e o Verbo era Deus." (JOÃO 1:1) significa que o pensamento foi criado de um ponto de vista individualista, pois ele o único poder imaterial que conhecemos; portanto, nosso pensamento é o poder. Os pensamentos dos outros não têm poder, exceto quando os aceitamos, e aquilo que aceitamos se torna o movimento de nosso próprio pensamento.

O dr. Paul Tournier, o maior psiquiatra da Europa, disse que os médicos deveriam parar de fazer sugestões negativas, porque as pessoas os veem como figuras de autoridade. Se um médico diz: "Você vai ficar surdo em um ano", um ano depois a pessoa fica surda. Ou se diz: "Você vai perder a visão desse olho", você acredita e, sem dúvida, ficará cego de um olho.

Ele afirma que devemos parar de fazer sugestões negativas, mesmo que, do ponto de vista da medicina, pareçam baseadas em evidências científicas.

Muitas religiões são governadas por pensamentos ou sugestões, pelo poder da sugestão. Um velho pastor dizia: "Se beber demais, se andar por aí com mulheres e for infiel à sua esposa, quando morrer, você irá para o Inferno, onde há tormentos e ranger de dentes."

Seus superpoderes

Mas um velho que estava sentado na fileira de trás, como tinha bom senso, retrucou: "Pastor, eu não tenho dentes." E velho pastor disse: "Serão providenciados para você."

Isso mostra como essas sugestões negativas sobre Deus, a vida e o universo são ridículas. Deus é o espírito vivo Todo-Poderoso, que sempre transmite grandes verdades eternas. Deus está dentro de nós e nossos impulsos e anseios são sempre ouvidos. Quando a mente do homem está abarrotada de falsas crenças, ideias e opiniões, é opaca para essas verdades eternas.

Sugestões de medo para um homem cheio de confiança e fé não têm absolutamente nenhum efeito. Reforçam sua fé e sua confiança no princípio do sucesso. Ele sabe que o infinito não pode falhar, e as sugestões de fracasso simplesmente lhe dão mais confiança em seus poderes internos. As sugestões que nos afetam são aquelas que encontram o espírito afim dentro de nós.

A dra. Brunt era líder do Movimento Ciência Religiosa na África do Sul, onde dei palestras há muitos anos. Ela me contou sobre maldições vodu, e eu visitei uma mina onde trabalhavam 9 mil homens e três encarregados. Quando um dos trabalhadores viola uma regra, recebe de um mensageiro a caveira de um crânio com ossos cruzados embaixo e é informado de que a maldição vodu está sobre ele. Às vezes, a maldição diz: "Você morrerá às 6h", e então, esse perfeito espécime humano se senta e morre às 6h. Eu conversei com alguns médicos presentes e eles confirmaram que é verdade. Dizem que o medo mata esses homens; que, essencialmente, eles são a causa da própria morte.

Houve missionários amaldiçoados por esses médicos vodu também, porque atrapalhavam seus negócios. Mas não há nada no subconsciente do missionário que gere nele medo de uma maldição vodu, portanto, eles apenas riem dessas maldições. Para eles, a caveira com os ossos cruzados embaixo são objetos sem sentido.

Mas os nativos são criados na crença de que o médico vodu tem um grande poder oculto; mas é só porque eles mesmos lhe dão poder. Assim, perceba que o poder está no movimento de seu próprio pensamento e ninguém tem o poder de lhe fazer mal, a não ser você mesmo. Quem lhe fará mal se você for um seguidor do que é bom?

> Nenhum mal te sucederá, praga nenhuma chegará à tua tenda. (SALMOS 91:10)

> Porque o Senhor Deus é sol e escudo; o Senhor dá graça e glória; nenhum bem sonega aos que andam retamente. (SALMOS 84:11)

> Se Deus é por nós, quem será contra nós? (ROMANOS 8:31)

> Não temerei mal nenhum, porque tu estás comigo; o teu bordão e o teu cajado me consolam (SALMOS 23:4)

> O que habita no esconderijo do Altíssimo e descansa à sombra do Onipotente diz ao Senhor: Meu refúgio e meu baluarte, Deus meu, em quem confio. Pois ele te livrará do laço do passarinheiro e da

Seus superpoderes

peste perniciosa. Cobrir-te-á com as suas penas, e, sob suas asas, estarás seguro; a sua verdade é pavês e escudo. (S<small>ALMOS</small> 91:1-4)

Também diz a Bíblia:

Não te assustarás do terror noturno, nem da seta que voa de dia, nem da peste que se propaga nas trevas, nem da mortandade que assola ao meio-dia. (S<small>ALMOS</small> 91:5-6)

Porque aos seus anjos dará ordens a teu respeito, para que te guardem em todos os teus caminhos. (S<small>ALMOS</small> 91:11)

Identifique-se com essas grandes verdades eternas e você desenvolverá uma imunidade, um anticorpo divino. Você se preenche de Deus e anda pela Terra com o louvor a Deus para sempre em seus lábios.

• • •

O dr. Bales, que foi um grande professor em Los Angeles e estudou medicina em Londres, disse a um grupo do movimento New Thought que, em seu último ano como residente, ele e os outros residentes deram um placebo aos pacientes. Eram cápsulas de açúcar e leite coloridos, nada mais que isso, totalmente inerte.

O incrível poder da sugestão

Ele dizia aos pacientes: "Este é um medicamento novo, um novo fármaco que vai acabar com a enxaqueca. É da Alemanha, produto de uma nova pesquisa." Eles voltavam na semana seguinte e diziam: "Doutor, que remédio maravilhoso. É incrível, preciso de mais." Mas não era absolutamente nada além de açúcar e leite, e isso demonstra o poder da sugestão.

A sugestão do dr. Bales liberou o poder de cura dos pacientes; eles a aceitaram, como se estivessem hipnotizados. Saiba que, sob hipnose, você pode amputar uma perna ou retirar um tumor sem sentir absolutamente nada. Por quê? Porque quando o hipnotiza, o médico o sugestiona, diz que você não sentirá dor, e você não sente.

A dra. Elsie McCoy, que foi enfermeira-chefe cirúrgica de um hospital de Chicago durante muitos anos, via pacientes no pós-operatório gritando de dor à noite. Eles queriam morfina.

"Muitas vezes, eu pegava uma seringa e punha 0,5 ou 1ml de água destilada", contou ela, "e dizia ao paciente: 'Tudo bem, meu querido, vou lhe dar um pouquinho morfina, por via subcutânea.' Eu injetava a água destilada, eles dormiam por 12 horas e a dor desaparecia".

O que acontecia? Eles aceitavam a sugestão dela, acreditavam que era morfina. Aquilo que eles acreditavam acontecia, como se houvessem sido hipnotizados e ouvissem: "Você não está com dor. Você não sente absolutamente nada." Eles aceitam.

Esse é o poder de sua mente, um poder maravilhoso. Portanto, comece a pensar nos imensos poderes que há dentro de você.

• • •

Seus superpoderes

O dr. David Seabury foi um grande psicólogo que faleceu há alguns anos. Seu pai foi secretário do dr. Phineas Parkhurst Quimby em 1847. O dr. Seabury era a única pessoa nos Estados Unidos que conhecia as técnicas de cura de Quimby, e as passou a mim há muitos anos.

Ele me contou uma história muito interessante. Quando jovem, fez um experimento com um desocupado em Paradise, uma cidadezinha no norte da Califórnia. Esse homem tinha o hábito de ir toda manhã ao correio, ao café e depois ao bar.

O dr. Seabury resolveu se divertir com ele. Combinou com o funcionário dos Correios: "Quando ele chegar, diga: 'Você não parece bem. Seus olhos estão amarelos e seu rosto está vermelho. Você foi ao médico? Está se sentindo bem? Não é melhor ir para a cama?'" O dr. Seabury também combinou com a garçonete do café e o atendente do bar que dissessem a mesma coisa.

O homem foi ao correio e o funcionário indagou: "Você foi ao médico? Não parece bem. Como está sua pressão?" Depois, o homem foi ao café e a garçonete lhe disse algo parecido. Então, ele se levantou e foi até o bar, onde o atendente lhe comentou: "Seus olhos estão estranhos. Você está meio pálido. Não é melhor ir ao médico?"

O dr. Seabury contou, então, que o homem foi para casa e ficou gravemente doente. Tiveram que chamar o médico, e Seabury lhe disse que era tudo brincadeira, que queriam apenas se divertir à custa dele. Mas o homem realmente ficou doente devido às sugestões que aceitou.

Nossa mente subconsciente aceita o que é impresso nela, aquilo em que conscientemente acreditamos. Ela não raciocina

O incrível poder da sugestão

sobre as coisas como a mente consciente. Ela não discute, não cria controvérsias. Nosso subconsciente é como o solo que aceita qualquer tipo de semente, boa ou ruim.

Seus pensamentos são ativos, portanto, podem ser comparados a sementes. Sugestões negativas e destrutivas ficam atuando na mente subconsciente e, no devido tempo, surgem na forma da experiência correspondente.

Lembre-se de que sua mente subconsciente não fica tentando provar se seus pensamentos são bons ou ruins, verdadeiros ou falsos, mas que responde de acordo com a natureza de seus pensamentos ou suas sugestões.

Por exemplo, se você conscientemente toma algo como verdadeiro, mesmo que seja falso, sua mente subconsciente o aceitará como verdade e gerará os resultados correspondentes, porque você tomou aquilo como verdade.

Inúmeros experimentos de psicólogos, psiquiatras e outros profissionais com pessoas em estado hipnótico mostraram que a mente subconsciente é incapaz de fazer as comparações necessárias para o processo de raciocínio. Mostraram repetidamente que o subconsciente aceita qualquer sugestão, por mais falsa que seja, e, quando a aceita, responde de acordo com a natureza da sugestão dada.

Para ilustrar a receptividade de sua mente subconsciente à sugestão, se um hipnotizador experiente sugerir a um de seus pacientes que ele é Napoleão Bonaparte, ou um gato ou cachorro, a pessoa representará o papel com precisão única. Se mandar que se ajoelhe, ela se ajoelhará. Se o mandar latir como um cachorro, ela latirá. Se lhe disser que tome leite como um gato, ela o fará. Ela acreditará ser aquilo que o hipnotizador lhe diga que é.

Seus superpoderes

Se você fizer o sinal da cruz no peito da pessoa e disser: "Amanhã às 14h você voltará a este consultório e nos dirá que é uma vítima do estigma, e a cruz estará sangrando", ela voltará às 14h e dirá que tem o estigma, e haverá sangue onde você fez o sinal da cruz, segundo sua sugestão.

Por isso, "A palavra é minha carne". Seu pensamento se manifesta. Você vê diante dos seus olhos que a personalidade da pessoa se transforma em consonância com a sugestão que deu a ela.

Se um hipnotizador sugerir a um aluno, enquanto estiver em estado hipnótico, que está sentindo coceira nas costas, ele tentará se coçar. Se disser a outro que o nariz dele está sangrando, o aluno tentará estancar o sangue. Se disser a outro que é uma estátua de mármore, ele ficará completamente imóvel. Se disser a outro que está congelando e a temperatura está abaixo de zero, seus dentes começarão a bater. Se der a alguém um copo de água e disser que é conhaque e que a pessoa está bêbada, ela agirá como se estivesse embriagada.

Cada um atuará segundo a sugestão que lhe for dada, totalmente alheio a tudo que não pertença àquela ideia. Esses simples exemplos retratam claramente a diferença entre a mente consciente e racional e a mente inconsciente, que é impessoal, não seletiva e aceita como verdade tudo aquilo que o consciente acredita ser verdade. Daí a importância de selecionar pensamentos, ideias e premissas que abençoem, curem, inspirem e encham nossa alma de alegria.

Nossa mente subconsciente não é capaz de argumentar, de gerar controvérsia. Se lhe dermos sugestões erradas, ela as aceitará como verdadeiras e as fará acontecer em forma de condições, experiências e eventos. Tudo que acontece conosco se baseia nos pensamentos que foram impressos em nossa mente inconsciente por meio das crenças. Nosso pensamento habitual e nossa mente consciente criam sulcos profundos no subconsciente.

Perceba que sua mente consciente é o vigia do portão. Sua principal função é proteger sua mente inconsciente de falsas impressões. Agora, você está ciente de uma das leis básicas da mente: que seu subconsciente é passível de sugestão.

Sua mente subconsciente não faz comparações, não contrasta, não raciocina e não pensa as coisas por si mesma. Ela simplesmente reage às impressões dadas pela mente consciente. Ela não mostra preferência por uma maneira de agir em detrimento de outra.

O clássico exemplo a seguir mostra o imenso poder da sugestão. Suponhamos que você se aproxime de um passageiro tímido a bordo de um navio e lhe diga algo como: "Você não parece bem, está muito pálido. Tenho certeza de que você vai enjoar. Vou ajudá-lo a voltar à sua cabine."

O passageiro empalidece. Sua sugestão do enjoo se associa aos medos e pressentimentos dele. Ele aceita sua ajuda para voltar à cabine, e lá, suas sugestões negativas, que foram aceitas, se realizam.

Sem dúvida, cada pessoa reagirá de uma maneira diferente à mesma sugestão, devido ao condicionamento ou à crença inconsciente de cada um. Por exemplo, digamos que você foi até um marinheiro do navio e lhe disse, empático: "Meu caro

Seus superpoderes

amigo, você não parece bem. Não está se sentindo mal? Parece que vai enjoar."

Dependendo do temperamento dele, o marinheiro riria de seu comentário, expressaria uma leve irritação ou trataria você com escárnio. Sua sugestão caiu em ouvidos moucos neste caso, porque sua sugestão do enjoo estava associada, na mente dele, à imunidade que ele tinha em relação a se sentir mareado. Portanto, não evocou medo ou preocupação, e sim autoconfiança e fé.

Por definição, sugestão é o ato ou instância de colocar algo na mente de alguém, o processo mental pelo qual o pensamento ou a ideia sugerida é considerada, aceita ou colocado em prática.

Lembre-se de que uma sugestão não pode impor algo à mente subconsciente contra a vontade da mente consciente. Você tem o poder de rejeitar sugestões negativas.

No caso do marinheiro, ele não tinha medo de enjoar, pois já estava convencido de que era imune a isso. A sugestão negativa não tinha absolutamente nenhum poder de evocar medo nele, mas no outro passageiro, despertou seu medo interior do enjoo. Cada pessoa tem seus próprios medos, suas crenças e opiniões, e essas suposições internas dirigem e governam nossa vida.

Você poderia dizer àquele homem: "Vou mergulhar de cabeça nessa, terei a experiência mais maravilhosa de minha vida neste navio", e neutralizaria o medo dele. A sugestão, sozinha, não tem poder; só terá se for mentalmente aceita. Não há poder inerente em uma sugestão. O poder está no pensamento.

• • •

O incrível poder da sugestão

A cada dois ou três anos, ministro uma série de palestras no London Truth Forum, no Caxton Hall, em Londres. É um fórum que fundei há cerca de trinta anos. A dra. Evelyn Fleet, uma renomada psicóloga, é diretora desse fórum. Ela me contou sobre uma matéria que saiu nos jornais ingleses sobre o poder da sugestão. Por um período de dois anos, um homem deu a seguinte sugestão à sua mente subconsciente: "Eu daria meu braço direito para ver minha filha curada."

Aparentemente, a filha dele tinha uma forma incapacitante de artrite, além de uma doença de pele considerada incurável. Os tratamentos médicos não haviam conseguido aliviar as doenças. O pai tinha um intenso desejo de ver a filha curada, e expressou esse desejo com as palavras que acabei de citar.

A dra. Fleet me contou que a matéria do jornal destacou que, um dia, a família sofreu um acidente de carro. O braço direito do pai foi arrancado à altura do ombro e, imediatamente, a artrite e a doença de pele da filha desapareceram. Que preço terrível a pagar por uma cura, não é?

O inconsciente não entende piadas; ele leva ao pé da letra o que dizemos, por isso, precisamos parar de dar sugestões erradas a ele. Nada é bom ou ruim, mas o pensamento faz com que seja uma coisa ou outra. Tenha o cuidado de dar a seu subconsciente apenas sugestões que curem, abençoem, elevem e inspirem em todos os seus caminhos.

Pare de dizer: "Não posso ser curado"; "Não ganho o suficiente". Porque seu subconsciente cuidará para que isso aconteça.

Uma jovem cantora foi convidada para fazer um teste. Ela não via a hora de que chegasse o dia, mas em três ocasiões anteriores

Seus superpoderes

havia sido reprovada devido a seu medo do fracasso; e ela dava sugestões de fracasso a seu subconsciente. Ela tinha uma boa voz, mas dizia a si mesma: "Talvez não gostem de minha voz. Vou tentar, mas estou morrendo de medo e ansiedade, portanto, estou fadada ao fracasso."

Sua mente subconsciente aceitou essas autossugestões negativas como um pedido e procedeu a manifestá-las em forma de experiência. Foi uma *autossugestão involuntária*, pensamentos de medo emocionalizados e subjetivados.

Seu pensamento é sua oração. Se você não conhece o funcionamento de sua mente, como pode orar?

A jovem cantora superou seu problema com a seguinte técnica: três vezes por dia ela se isolava em seu quarto, sentava-se confortavelmente em uma poltrona, relaxava o corpo, fechava os olhos e se imaginava mole como uma folha de árvore molhada. Você já viu uma folha de árvore molhada? Imagine-a e você relaxará.

Isso acalmou a mente e o corpo dela de um jeito maravilhoso. A inércia física favorece a passividade mental e deixa a mente mais receptiva à sugestão. Ela neutralizou a sugestão do medo dizendo a si mesma: "Deus é o grande cantor. Deus é o grande músico dentro de mim, o espírito vivo Todo-Poderoso. Eu canto linda, majestosa e gloriosamente. Estou equilibrada, serena, confiante e calma."

Ela repetiu essa afirmação em sua mente, devagar, com sentimento, durante cinco a dez minutos cada vez, sabendo que o que atribuímos ao *Eu Sou* é aquilo que nos tornamos. Ela fazia

O incrível poder da sugestão

isso três vezes durante o dia, sendo uma imediatamente antes de dormir.

No final da semana, ela estava completamente equilibrada e confiante. Quando chegou o dia do teste, ela fez uma apresentação notável, maravilhosa. A lei do inconsciente é compulsiva, e ela foi compelida a fazer uma audição maravilhosa.

Uma mulher de 75 anos tinha o hábito de dizer a si mesma: "Estou perdendo a memória." Ninguém perde a mente ou a memória. Tudo que já aprendemos, inclusive no ventre materno, é fielmente registrado na mente subconsciente. Ela não esquece nada, é o depósito da memória.

O que a maioria das pessoas precisa é de um "esquecedor". Cunho essa palavra para dizer que as pessoas se lembram de velhos rancores, de tormentos, de processos jurídicos. Lembram-se de suas perdas de 1929 e 1930, e ainda falam sobre elas; mas deveriam esquecer essas coisas, e não esquecem.

Ela reverteu seu problema dizendo: "De hoje em diante, minha memória está melhorando em todos os sentidos. Sempre vou me lembrar de tudo que preciso saber em cada momento do tempo e ponto do espaço. As impressões que recebo serão claras e mais definidas e as reterei automaticamente e com facilidade. Tudo que eu deseje lembrar se apresentará imediatamente, na forma correta, em minha mente. Estou melhorando rapidamente a cada dia, e muito em breve minha memória estará melhor que nunca."

Em três semanas, sua memória estava normal de novo, e ela estava encantada. Deu novas impressões à sua mente subconsciente, sabendo que tudo que imprimimos em nossa mente in-

Seus superpoderes

consciente será expresso na tela do espaço. Surgirá como forma, função, experiência e eventos.

• • •

Vou fazer alguns comentários sobre *heterossugestão*, ou seja, sugestões de outra pessoa. O poder da sugestão desempenha um papel na vida e nos pensamentos do homem, em todos os tempos e em todos os países da Terra. Em grande parte do mundo, é o poder controlador da religião, como "Você é um pecador", "O diabo vai pegar você", "Quando você morrer, irá para o inferno" e coisas dessa natureza, e isso aterroriza as pessoas.

Alguns clérigos, uns anos atrás, disseram que o Senhor havia falado com eles. E o Senhor disse que Los Angeles era uma cidade tão ruim que todos nós seríamos levados para o oceano. Um grande terremoto aconteceria e seríamos varridos da face da Terra; a Califórnia seria levada para o oceano.

Centenas, talvez milhares de pessoas partiram, foram para o Mississippi, Arizona e diversos outros lugares; e, claro, o terremoto não aconteceu. Não seja um profeta da desgraça e tristeza. Seja um profeta de Deus e do bem.

Algumas pessoas me perguntaram sobre aquele terremoto, e eu disse: "Vocês sabem nadar?" Elas disseram que sim. "Então, não se preocupem. Vocês podem nadar para chegar a um lugar seguro", respondi. Vê como essas sugestões tolas são hipnóticas, diabólicas e assustam as pessoas? Elas vendem a casa, entregam seus bens por praticamente nada e vão embora apavoradas.

O incrível poder da sugestão

Se você habita o lugar secreto do altíssimo, se habita à sombra do Todo-Poderoso, diz: O Senhor é meu refúgio e minha fortaleza. Meu Deus, confio em ti. Coloque sua confiança na presença de Deus.

Como diz Taniguchi: "Quando o terremoto ou a enchente acontece, o estudante da verdade não está lá. Ele está sempre protegido." Por quê? Porque a verdade é seu escudo e sua proteção. Ele não teme mal algum, pois Deus está a seu lado. Sua vara e Seu cajado o confortam. Isso é oração, não é?

A sugestão pode ser usada para disciplinar e controlar a nós mesmos, mas também pode ser usada para assumir o controle e comandar outras pessoas que não conhecem as leis da mente. Os políticos a usam, muitas vezes negativamente. Eles exploram os ricos, apelam para os preconceitos e vieses do povo. Sabemos que tudo que dizem é bobagem, mas eles estão atrás de votos e as pessoas são ingênuas, sofreram lavagem cerebral e estão hipnotizadas; e pessoas podem ser manipuladas sob fortes emoções.

É perigoso se entregar a emoções negativas, porque quando está nessa onda, você está em apuros. Você se conecta com todos os problemas de sua cidade e pode ser manipulado, porque está em um estado altamente sugestionável. É preciso se observar.

Claro que sugestões construtivas são maravilhosas e magníficas, mas, desde a infância, a maioria das pessoas recebe muitas sugestões negativas. E em seus aspectos negativos, a sugestão é um dos mais destrutivos de todos os padrões de resposta da mente, resultando em guerras, miséria, sofrimento, preconceitos raciais, religiosos e desastres.

Seus superpoderes

Os ditadores, déspotas e tiranos do mundo conhecem o poder da sugestão. Stalin a praticou. Hitler a praticou, apelando aos preconceitos religiosos e raciais das pessoas. E então, quando elas já estavam superexcitadas emocionalmente, ele plantava suas sugestões, repetindo certas coisas várias e várias vezes. Milhões de pessoas não sabiam que estavam sofrendo uma lavagem cerebral, sendo hipnotizadas.

Pois bem, ao receber muitas sugestões negativas desde a infância e, sendo jovens, não saber como frustrá-las, nós inconscientemente as aceitamos. Vejamos algumas sugestões negativas:

"Você não consegue"; "Você nunca chegará a lugar nenhum"; "Você não deve"; "Não vai dar certo"; "Você não tem chance"; "Você está errado"; "Não adianta"; "O que você sabe não importa, o importante é quem você conhece"; "O mundo está perdido"; "Para quê? Ninguém se importa"; "Não adianta tentar tanto"; "Você já está velho demais"; "As coisas estão cada vez piores"; A vida é uma rotina sem fim"; "O amor é para os pássaros"; "Você simplesmente não tem como vencer"; "Logo estará falido"; "Cuidado, você vai pegar o vírus"; "Você não pode confiar em ninguém".

E você começa a falar assim. Esses são comandos para sua mente subconsciente, e sua vida será um inferno na Terra. Você ficará frustrado, neurótico, inibido. Assombrará os consultórios psiquiátricos porque está dando essas sugestões destrutivas a si mesmo. As crenças impressas em você no passado podem causar padrões de comportamento que provocam fracasso na vida

O incrível poder da sugestão

pessoal e social. A menos que, como adulto, você use o processo de oração construtiva, que é terapia de recondicionamento.

Se ler o jornal qualquer dia, você verá dezenas de coisas que podem plantar as sementes da futilidade, do medo, da preocupação, ansiedade e desgraça iminente. Se os aceitar, esses pensamentos de medo podem fazer com que você perca a vontade de viver.

Sabendo que pode rejeitar todas as sugestões negativas dando à sua mente subconsciente um padrão de oração, como ler os Salmos antes de dormir, você neutraliza todas essas ideias destrutivas.

Você não precisa ser influenciado por heterossugestões destrutivas. Se olhar para trás, você facilmente se lembra de como seus pais, amigos, parentes, professores, autoridades religiosas contribuíram para uma campanha de sugestões negativas. Estude tudo que lhe foi dito e você descobrirá que grande parte era uma forma de propaganda, cujo propósito era controlá-lo ou lhe incutir medo.

O processo de heterossugestão acontece em cada casa, escritório, fábrica e clube. Você descobrirá que muitas dessas sugestões têm o propósito de fazê-lo pensar, sentir e agir como os outros querem, de maneiras que beneficiam a eles.

• • •

Um parente meu foi a uma vidente na Índia uns anos atrás. Ele me disse que se acreditava que essa vidente tinha poderes estranhos e ocultos, que podia fazer mal ou bem a uma pessoa.

Seus superpoderes

A vidente lhe disse que ele tinha um coração doente e previu que morreria na próxima lua nova. Ele contou à família toda sobre essa previsão e ajeitou seu testamento. A poderosa sugestão entrou em sua mente subconsciente porque ele a aceitou por completo.

Ele morreu como previsto, sem saber que foi a causa de sua própria morte. A autópsia mostrou que não havia nada de errado com o coração dele. Ele provocou a própria morte. Suponho que muita gente já ouviu histórias semelhantes, estúpidas, ridículas e supersticiosas.

Vejamos o que aconteceu à luz de nosso conhecimento sobre como o subconsciente funciona. Aquilo em que a mente consciente e racional acredita, a mente subconsciente aceitará e agirá de acordo.

Meu parente estava feliz, saudável, vigoroso e robusto quando foi ver a vidente. Ela lhe deu uma sugestão muito negativa, que ele aceitou. Ele ficou apavorado e só pensava que ia morrer na lua nova seguinte. Contou a todos e se preparou para o fim.

A atividade ocorreu dentro de sua mente, seu pensamento foi a causa. Ele causou a própria morte — ou melhor, a destruição de seu corpo físico — devido a seu medo e expectativa do fim.

A mulher que previu sua morte não tinha mais poder que as pedras e os gravetos do campo. Sua sugestão não tinha poder para criar o fim que ela sugeriu. Se ele conhecesse as leis da mente, teria rejeitado por completo a sugestão negativa e dito: "Minha vida é a vida de Deus. Eu vivo para sempre." Ele a teria neutralizado, teria se recusado a dar atenção às palavras dela, sabendo que seu coração era governado e controlado por seu próprio pensamento e sentimento.

Como dez flechas contra um navio de guerra, a previsão poderia ter sido completamente neutralizada sem lhe fazer mal. As sugestões alheias, em si, não têm absolutamente nenhum poder sobre nós, exceto aquele que lhes damos por meio de nosso próprio pensamento.

Você tem que dar seu consentimento mental. Você tem que aceitar o pensamento; assim, ele se torna *seu* pensamento, e você o pensa. Lembre-se, você tem a capacidade de escolher, e pode escolher coisas boas e honradas.

Muito antes de o éter e o clorofórmio serem descobertos, o dr. James Esdaile, um cirurgião escocês, realizou mais de quatrocentas grandes cirurgias, como amputações, remoção de tumores, operações em olhos, ouvidos e garganta, todas conduzidas sob anestesia mental, ou seja, sugestões dadas a homens e mulheres em estado de transe, sem nenhum fármaco anestésico — os quais nem sequer eram conhecidos na época. Isso mostra o poder de nossa mente mais profunda.

O dr. Esdaile tinha uma taxa de mortalidade de apenas dois ou três por cento. Ele ensinou as enfermeiras a hipnotizar as pessoas e dizer que, depois da cirurgia, elas não teriam infecção. "Sua ferida vai sarar, você ficará maravilhoso", coisas assim, e as infecções se reduziam ao mínimo. Tudo isso devido às sugestões que o dr. Esdaile fazia à mente subconsciente de seus pacientes, e eles respondiam de acordo. Não é uma maneira incrível de perceber o maravilhoso bem que podemos fazer com sugestões construtivas?

Seus superpoderes

Recentemente, recebi uma carta de um garçom de Honolulu que conheci quando fui para lá. Tenho muitos amigos no Arquipélago do Havaí e conheci alguns *kahunas*, padres havaianos. E há bons e maus *kahunas*.

O garçom me disse que alguém estava praticando magia proibida contra ele, que ele estava amaldiçoado e que tudo estava dando errado em sua vida. O jovem mencionou o nome do homem que acreditava estar usando vodu ou feitiçaria contra ele.

Lembre-se de que feitiçaria, vodu, satanismo e todas essas coisas são palavras usadas para disfarçar a ignorância das pessoas. Só existe um poder, e quando você o usa negativamente, pode chamá-lo de satanismo, vodu, magia sombria, feitiçaria, qualquer coisa, mas é apenas seu uso inadequado.

É um poder, mas não é *o* poder. O poder é o *Eu Sou*, a presença de Deus em nós, uno conosco. É onipotente, supremo. Não há nada que se oponha a ele, que o frustre ou impeça seu crescimento ou expansão. É por isso que um com Deus é maioria.

Eu lhe escrevi uma longa explicação; disse que toda a água do oceano não poderia afundar um navio se não entrasse nele. Da mesma forma, os pensamentos negativos dos outros não poderiam entrar em sua mente se ele não abrisse a porta e lhes permitisse entrar.

Um graveto tem duas pontas, você sabe. Em uma ponta está o universal e na outra o individual, mas o graveto é uma peça só. Não há separação. O mesmo acontece com o poder em você.

Eu disse: "Esta é uma verdade indiscutível, incontestável e eterna. Deus é tudo que existe. Deus é verdade absoluta, amor sem limites, vida infinita, harmonia absoluta e alegria infinita."

O incrível poder da sugestão

Eu lhe disse que, quando seu pensamento está em Deus, o poder de Deus está com seus pensamentos de bem, que seu pensamento é criativo, e que quando ele pensa no amor, na paz, harmonia e alegria de Deus, está automaticamente protegido e imune a todos os eflúvios tóxicos da mente das massas. Quando ele pensa nas verdades eternas, é Deus pensando por meio dele, e tudo que Deus pensa só pode resultar em lei e ordem divinas, a primeira lei do Céu.

Eu lhe dei uma receita espiritual antiga, cuja fonte se perdeu na antiguidade: "Sente-se em um lugar tranquilo duas ou três vezes ao dia e imagine que está cercado por um círculo sagrado da luz de Deus. Fazendo isso, depois de um dia você realmente verá um círculo dourado de luz curadora ao seu redor. É uma emanação da presença de Deus que habita em você, tornando-o imune a todo mal. Você agora é invulnerável, completamente isolado dos pensamentos de medo e sugestões negativas dos outros.

"Crie esse hábito, e sempre que pensar no praticante de vodu, ou feiticeiro, ou o que seja, simplesmente afirme: 'O amor de Deus preenche minha alma. Eu solto, eu deixo ir. O amor de Deus preenche minha alma.'

Se você não pode dar, não pode receber. Se você não pode odiar uma pessoa, não pode receber ódio. Se você não pode despejar sugestões negativas e desejar fracasso aos outros, não pode receber o mesmo. Você não pode receber nada que não possa dar. Portanto, seja feliz dando amor, boa vontade, paz, harmonia e desejando todas as bênçãos do Céu a todos.

Seus superpoderes

Mil pessoas podem pensar negativamente sobre você e tudo vai voltar como um bumerangue para elas, porque você não pode receber esses pensamentos. Porque não os pode dar. É tão simples que até uma criança entenderia."

O que ocorreu em seguida foi muito interessante. O garçom se dedicou no processo de oração acima e, no final da semana, leu no jornal que aquele praticante de vodu havia caído morto na rua, presumivelmente de um ataque cardíaco. A explicação para esse episódio é, novamente, muito simples: os pensamentos e as implicações negativas lançados contra ele pelo praticante de vodu não tinham para onde ir, pois o garçom não os recebia mais.

Pelo contrário, ele derramava bênçãos e orações sobre todos. *Orison* é uma palavra antiga que significa meditação e oração. Enfim, o proverbial bumerangue aconteceu e as emoções negativas engendradas pelo praticante de vodu voltaram com força dobrada para ele; ele realmente provocou a própria morte.

Se você está desejando a morte para outra pessoa, está pensando nisso, sentindo isso, e criará isso em sua mente e seu corpo, provocando assim sua própria morte. Enquanto isso, a outra pessoa pode prosperar vigorosamente. Talvez ela esteja cheia de amor e boa vontade, portanto, não pode receber seus pensamentos. Então, quem os receberá? Você. Você receberá o bumerangue, voltará para você com força dobrada.

Lembre-se de que você é o único pensador em seu universo, e como seu pensamento é uma criação, aquilo que você pensa sobre o outro cria dentro de si mesmo. Quando você envia pensamentos assassinos ou malignos a uma pessoa que se blindou com pensamentos divinos e não pode receber as vibrações negativas, elas retornam a você com força dobrada. Isso é conhecido como bumerangue. É por isso que a Regra de Ouro é a grande lei.

Além disso, pensar ou desejar o mal ao outro é matar a harmonia, a paz, a beleza e a alegria dentro de si mesmo. Esses pensamentos geram emoções, e as emoções podem matar ou curar. Os pensamentos malignos, somados às emoções inconscientes geradas por eles, se acumulam em seu subconsciente, causando autodestruição, o que pode causar uma doença fatal.

Ou outra pessoa pode ser o instrumento pelo qual você encontrará a morte, pois todo assassinato é, na verdade, autoassassinato. Então, você dirá: "Por que isso aconteceu comigo?" Ou talvez diga: "É a configuração maléfica das estrelas."

Vou lhe dizer uma coisa sobre essas estrelas. Você deve acreditar no Deus que fez as estrelas, não na coisa criada. Isso é "prostituir-se a outros deuses", como diz a Bíblia. É dar poder a algo criado em vez de ao espírito que é onipotente, supremo, o Todo-Poderoso, o todo sábio.

Dois médicos eram gêmeos idênticos. Um aceitou a Unidade e se tornou um profundo estudante da ciência da mente, oração, meditação e visão mística. O outro aceitou a numerologia, a astrologia e as configurações maléficas do céu. Ele não sabia que essas coisas não tinham poder inerente. Elas só têm poder se você acredita nelas. Se a mente das massas acredita nessas coisas, se você aceita essas coisas, elas acontecem. "Faça-se-vos conforme a vossa fé." (MATEUS 9:29)

Seus superpoderes

Disseram ao segundo médico que Netuno estava em quadratura com o Sol, e Saturno em quadratura com seu signo natal e assim por diante. Que havia perda, carência e limitação. Que ele corria o risco de acidentes, doenças e o que mais fosse.

A casa desse homem que acreditava nessas configurações diabólicas se incendiou. Um de seus filhos teve uma overdose que o levou à morte. O médico foi rebaixado, processado e punido pelas autoridades médicas.

Enquanto isso, o outro irmão — lembre-se de que eram gêmeos idênticos — prosperou, foi homenageado e recebido em outros países e teve o ano mais maravilhoso de sua vida, além de reconhecimento, promoção. Esse irmão acreditava na oração, o outro acreditava nas estrelas.

Se você disser a um astrônomo, hoje, que nasceu sob o signo de Peixes, ele vai rir. Devido à procissão dos equinócios, leva aproximadamente 26 mil anos para o sol fazer seu trânsito completo, e cerca de 2.100 anos para cada signo.

Portanto, em 200 a.C., ele estava no primeiro grau de Áries, que é o signo da primavera. Então, se você diz que nasceu em Peixes, não está correto; você nasceu em Aquário. Se diz que nasceu em Aquário, nasceu em Capricórnio, e assim por diante. Todos esses signos estão dentro de você. Eles são imaginários.

Acredite no Deus que fez as estrelas, não nas estrelas em si. Shakespeare disse: "A culpa, caro Brutus, não está nas estrelas, mas em nós mesmos." Ele era um profundo estudante da Bíblia e todos os seus escritos são matizados e permeados pelas escrituras.

O incrível poder da sugestão

Recebi a visita de uma jovem que estava emocionalmente perturbada devido à previsão de uma quiromante, que havia dito que ela sofreria um acidente sério em seu vigésimo primeiro aniversário ou perto dessa data. Isso é uma espécie de hipnose; como se a quiromante a houvesse hipnotizado e dito: "Você vai sofrer um acidente." E, claro que isso vai acontecer, porque ela o aceitou.

A jovem aceitou a sugestão e, consequentemente, ficou com medo de andar de carro, trem ou avião. Vivia em medo constante e impressionou sua mente subconsciente com a crença em um acidente. E tendo ativado o inconsciente com o medo, o acidente sem dúvida teria acontecido se ela não houvesse aprendido a neutralizar aquele pensamento negativo aceito. Foi assim que ela o neutralizou:

> Sempre que estou andando a pé, de ônibus, carro, trem ou avião, ou qualquer meio de transporte, eu sei, acredito e aceito a verdade de que o amor divino vai à minha frente, tornando meu caminho alegre, glorioso e feliz. Sei que a inteligência infinita me guia e me direciona em todos os momentos, que estou sempre no centro sagrado do amor eterno de Deus. A armadura de Deus me envolve em todos os momentos, e todos os meus caminhos e minhas viagens são controlados por Deus e somente por Ele. Deus controla todas as viagens nos céus acima e na terra abaixo, fazendo de todas as minhas jornadas a rodovia para meu Deus.

Seus superpoderes

Ela afirmava essas verdades de manhã, à tarde e à noite, sabendo que essas vibrações espirituais destruiriam e expurgariam da mente subconsciente a sugestão negativa alimentada com o medo. Agora, ela tem 23 anos e vivenciou o dia mais feliz de sua vida em seu vigésimo primeiro aniversário. Casou-se com um amigo de infância e eles são extremamente felizes.

"Mas, havendo profecias, desaparecerão; havendo línguas, cessarão; havendo ciência, passará." (1 CORÍNTIOS 13:8) "E tudo quanto pedirdes em oração, crendo, recebereis." (MATEUS 21:22)

Não são as estrelas ou sua posição, não é a bola de cristal. Não é porque você nasceu sob um véu. Não é por causa de seu código genético. É por causa do molde de sua mente que as coisas acontecem com você. É assim que você molda seu destino.

Quando milhões de pessoas acreditam que nascer sob certo signo determina certas características, a causa é a crença dessas pessoas. Como se, por ser ariano, você sempre vai querer chegar ao topo e na frente de qualquer jeito, ou porque é taurino será banqueiro, ama dinheiro e posses, e essas coisas.

Acaso não sabe que todas essas qualidades de Deus estão dentro de você? Estão todas dentro de você. "É a crença", como Ernest Holmes afirmou, "não a coisa em si".

Os irlandeses acreditam que ouvirão o lamento de banshee quando um parente for morrer. Claro que eles ouvem, mas outras pessoas, não. Você não aprendeu isso quando era criança, portanto, não ouve. Isso sai da mente inconsciente dos irlandeses por causa de sua crença. Os outros não ouvem o lamento de banshee.

O incrível poder da sugestão

Talvez você tenha ouvido isso; eu ouvi. Meu irmão e minhas irmãs também ouviram quando éramos crianças. Disseram para nós que era assim, e nós ouvimos. Assim são os poderes da mente inconsciente, maravilhosos. O poder que move o mundo está dentro de você. Você molda e cria seu próprio destino.

• • •

O livro de Provérbios diz: "A boca do justo produz sabedoria, mas a língua da perversidade será desarraigada." (PROVÉRBIOS 10:31) O ciúme é o monstro de olhos verdes. Nós envenenamos o banquete e comemos a comida que envenenamos. O inferno do amante ferido, como disse Milton. Quando sentimos ciúmes, raiva ou inveja, nos encontramos em um comprimento de onda negativo, e todas as vibrações negativas ao redor agem sobre nós.

Quando você está com raiva, fica altamente sugestionável e sua mente pode ser manipulada. As pessoas podem tirar vantagem de você. Além disso, você se encontra em um comprimento de onda de problemas, sintoniza muitos problemas ao seu redor, fica furioso e hostil. Esses estados emocionais são altamente sugestionáveis.

O fanático religioso também se exalta emocionalmente. Ele não percebe que toda verdade é uma meia-verdade e que devemos ver os dois lados das questões.

Um homem diz: "Morango me causa urticária." Bem, causa urticária a ele, mas não a você. Se fosse lei, três bilhões e meio de pessoas teriam urticária quando comessem morango, mas não é o que acontece. Obviamente, esse pobre sujeito tem um péssimo relacionamento com a urticária.

Seus superpoderes

Portanto, é bobagem dizer a ele: "Veja, você não tem urticária." Sim, ele tem. Isso já foi sugerido a ele, sua mãe ou outra pessoa lhe disse. Mas ele pode neutralizar isso afirmando: "Estes morangos representam o alimento de Deus. É a mesma substância de meu próprio sangue. São simplesmente elétrons se movendo no espaço, e eu como esses morangos com alegria. Eles são transformados pela inteligência criativa e pela beleza, ordem, simetria e proporção para que em minha carne, em meu corpo, eu veja Deus, a beleza manifestada." Assim ele neutralizaria a urticária e poderia comer os morangos sem nenhum problema.

Digamos que você esteja irritado, muito crítico, decepcionado com as pessoas e as condena. Acaso não se envolve subjetivamente com aquilo de que você não gosta, aquilo que critica? Você não sabe que é moldado à imagem e semelhança daquilo que o aborrece e irrita? Não sabe que você se torna aquilo que condena?

É a natureza do amor. É também a natureza do ódio nos moldar à imagem e semelhança daquilo que contemplamos. Além disso, você se encontra em uma onda de problemas, por isso acaba por enfrentar muitos, muitos problemas. Lembre-se: "A boca do justo produz sabedoria, mas a língua da perversidade será desarraigada." (PROVÉRBIOS 10:31)

Perceba que o amor divino vai à sua frente, tornando reto, alegre e glorioso seu caminho. Isso é maravilhoso. Mantenha os olhos fixos à frente. "Não declines nem para a direita nem para a esquerda", diz o Provérbios 4:27.

Os teus olhos olhem direito, e as tuas pálpebras, diretamente diante de ti. (PROVÉRBIOS 4:25)

Com seus olhos fixos em Deus, não há mal em seu caminho.

Tu, Senhor, conservarás em perfeita paz aquele cujo propósito é firme; porque ele confia em ti. (ISAÍAS 26:3)

Não se acomode, não diga: "Esta é a cruz que tenho que carregar, tenho que aguentar." Insista na harmonia, saúde, paz e abundância. Deus o fez rico. Por que, então, você é pobre?

Se você colocar em sua mente: "Estou acabado. Não tem cura, não há esperança. Tenho que aguentar esta artrite (ou essa dor lombar, ou seja o que for)", isso será verdade. Nem todas as orações do mundo o ajudarão, porque você está resignado. Você aceitou.

Mantenha o desejo interior. A vontade de Deus para você é muita vida, amor, verdade e beleza. A vontade de Deus para você é saúde, muita paz e alegria. Deus o fez rico. Por que, então, você é pobre?

A vontade de Deus para você é algo que transcende seus sonhos mais ardentes. Você sabe muito bem que se chegar a se queimar, a vontade de Deus reduzirá o edema. Se você se cortar, formará trombina. A tendência da vida é curar. É Deus buscando expressão por meio de você, dizendo: "Venha mais alto. Eu preciso de você."

Seus superpoderes

É Deus buscando um receptáculo sagrado para que Ele possa se expressar por meio de níveis mais altos, por meio de você, porque você é o foco do divino. Você é filho de Deus, você é filha de Deus. Ele o ama. Você é Deus manifesto.

Deus busca expressão através de você. "Porque te restaurarei a saúde e curarei as tuas chagas, diz o Senhor." (JEREMIAS 30:17)

"Eis que a mão do Senhor não está encolhida, para que não possa salvar; nem surdo o seu ouvido, para não poder ouvir." (ISAÍAS 59:1) Você deve insistir em uma cura. Não sinta raiva. Não sinta raiva de si mesmo. Não seja impaciente. "É na vossa perseverança que ganhareis a vossa alma." (LUCAS 21:19) Você persiste no desejo de cura. Você não se acomoda. Você diz: "Há uma solução. Há uma saída, e não descansarei até que tenha harmonia e paz, amor e totalidade em minha vida."

Lembre-se, não seja violento, porque assim só vai piorar. Não vá muito para a direita nem muito para a esquerda. Não permita ser absorvido pelos fenômenos do mundo, não julgue pelas aparências, não vá muito para um lado.

Em outras palavras, não dê ouvidos ao tabuleiro Ouija. Você está apenas falando consigo mesmo. Acaso não sabe que quando opera o tabuleiro Ouija, é seu próprio inconsciente falando com você? Se você acredita em entidades malignas, seu inconsciente desempenhará o papel de uma entidade maligna. Muitas pessoas enlouquecem completamente com isso.

Acorde, pelo amor de Deus. Você está simplesmente falando consigo mesmo, só isso. Você não acredita em entidades malignas. Você não acredita em cartomantes nem em bola de cristal, mas você acredita que com seus olhos fixos em Deus não há

O incrível poder da sugestão

mal em seu caminho. Você acredita que seu pensamento e seu sentimento criam seu destino, e se houver profecias, falharão.

Como alguém poderia prever o fracasso de um homem corajoso? Como poderia prever a incurabilidade de um homem que acredita no poder de cura de Deus? Ninguém pode fazer isso. Ele disse: "O Senhor afastará de ti toda enfermidade; sobre ti não porá nenhuma das doenças malignas dos egípcios, que bem sabes." (DEUTERONÔMIO 7:15)

Pare de ir para a direita e para a esquerda. Caminhe pela estrada do meio, o caminho régio dos antigos. Sua consciência é o caminho. "Eu sou o caminho." (JOÃO 14:6)

Toda verdade é uma meia-verdade. Você deve ver dois lados de tudo. Deus é a única verdade. "Eu sou o caminho, e a verdade, e a vida." (JOÃO 14:6)

Perceba, portanto, que seu pensamento e sentimento criam seu destino. Acreditar em algo é aceitá-lo como verdade. Aquilo que você decide com a mente consciente que é verdade, experimentará com a mente subconsciente na tela do espaço. Isso é maravilhoso.

Existe uma estrada, uma rodovia, uma via principal. É a estrada para a santidade, que significa *totalidade*. É o caminho da liberdade, mas esse caminho está dentro de você.

Quando decidimos que algo é verdadeiro na mente consciente, vivenciamos isso com seu subconsciente. Portanto, acredite que Deus ou a inteligência infinita está guiando você. A ação correta reina suprema. A lei e a ordem divinas governam você. A paz divina preenche sua alma.

Seus superpoderes

Comece a acreditar em tudo isso. Você não cria essas coisas, mas as ativa, torna-as poderosas em sua vida. Suas crenças inconscientes controlam e manipulam todas as suas ações conscientes. Comece agora a acreditar, afirmar, sentir e saber que Deus está guiando você em todos os seus caminhos. A lei e a ordem divinas, a primeira lei do Céu, governam todas as suas atividades. A ação correta divina governa você em todos os momentos. Deus o faz prosperar em todos os sentidos, você é inspirado do alto.

Quando aceitamos essas verdades com a mente consciente, nosso inconsciente faz com que todas essas coisas aconteçam, e descobrimos que todos os nossos caminhos são prazerosos, todos os nossos caminhos são de paz. Se não fizermos nosso próprio pensamento e nossa própria oração, a mente das massas se moverá sobre nós e pensará por nós. E nos manipulará.

Assim, nos colocamos em uma prisão: a prisão do medo e da doença. Pense por si mesmo; não deixe sua sogra pensar por você. Não deixe o rádio gerar suas emoções por você. Controle suas próprias emoções.

Você já deve ter visto na TV uma pessoa hipnotizada que recebe raspas de sabão e insiste que está comendo torta de maçã com sorvete. Deve ter visto muitas vezes. Se disserem que a narina esquerda dela está sangrando, ela começará, de fato, a sangrar. Se colocarem o dedo no pescoço dela e disserem que é um atiçador em brasa, uma bolha de verdade surgirá diante de seus olhos.

Assim, você saberá que a palavra se fez carne, pois a palavra é um pensamento expresso. Você diz: "Por que meus pais não

O incrível poder da sugestão

me disseram isso? Por que o padre não me contou que a palavra se faz carne, que meu pensamento se manifesta, que meu pensamento é criativo? Assim, eu respeitaria meu pensamento."

Você serve pimenta para um homem, e ele está convencido de que está tomando sorvete; você coloca pedras de gelo no pescoço do homem e diz que é um atiçador em brasa, e surge uma queimadura. Assim, você sabe que o pensamento faz isso acontecer.

A falácia da velhice

"Até à vossa velhice, eu serei o mesmo e, ainda até às cãs, eu vos carregarei; já o tenho feito; levar-vos-ei, pois, carregar-vos-ei e vos salvarei." (Isaías 46:4)

O espírito que nos habita, que é nossa realidade, que é Deus, nunca nasceu, nunca morrerá. A água não o molha, o fogo não o queima, o vento não o sopra para longe.

"E a vida eterna é esta: que te conheçam a ti, o único Deus verdadeiro, e a Jesus Cristo, a quem enviaste." (João 17:3) O espírito que nos habita nunca nasceu, nunca morrerá. Nunca envelhece. É eterno. É quem realmente somos. A idade não é o voo dos anos, é o alvorecer da sabedoria. Como disse o homem certa vez, devemos parar de penalizar os velhos, porque o homem de 65, 70 ou 80 anos aprendeu muito. Passou por muita coisa. Seus cabelos grisalhos têm de valer algo. O que ele tem para oferecer não são seus cabelos grisalhos, e sim sua sabe-

Seus superpoderes

doria, seu conhecimento, as habilidades que acumulou com a experiência ao longo dos anos.

Conheço alguns engenheiros que vêm às minhas reuniões de domingo, que têm 75, 80 anos de idade. São consultores de engenharia, contribuem com sua sabedoria e entendimento com muitos outros engenheiros aqui e em muitos outros lugares; eles contribuem para a sociedade. Não há problema algum com suas ideias. São ideias maravilhosas.

Vivemos em um país de jovens; um país maravilhoso para ser jovem. Nós idolatramos a juventude, mas agora é um país onde será maravilhoso ser velho. Os idosos estão abrindo caminho no mundo, uma grande porcentagem de pessoas está entrando na faixa dos 65 ou mais. Estão nos movimentos políticos, mostram suas necessidades ao povo.

A velhice tem de ser servida. Precisamos da maturidade; precisamos dos cabelos grisalhos. Se houvéssemos ouvido o general MacArthur, não teríamos ficado atolados no Vietnã. Ele disse: "Vocês não podem mandar jovens estadunidenses para lá, eles vão ficar atolados. Não é o lugar deles. Treinem os nativos para fazer a guerra, se for necessário lutar."

Mas fizemos uma estupidez inacreditável. Mandamos jovens para lá, em desvantagem, para lutar em uma guerra sem possibilidade de vitória. Ouvi o almirante Sharp falar sobre isso na TV, e ele admitiu: "Foi chocante mandar aqueles rapazes para lá com ordens de não vencer, pois, como disse MacArthur, não há substituto para a vitória."

A falácia da velhice

Pois bem, este é um país majoritariamente jovem, com ênfase na juventude. Desvalorizamos a multiplicação dos anos, mas precisamos disso que chamamos de velhice. Precisamos dela no Exército, na Marinha, precisamos dela no governo. Precisamos dela na ciência, nas artes, indústrias. Precisamos dela nos negócios. Precisamos de experiência. Precisamos de talentos e habilidades que não se adquirem na faculdade.

Ganhamos experiência ao longo dos anos. Ser velho era considerado uma das tragédias da vida em muitas partes do mundo. A velhice era desprezada. Diziam: "Ele é um velhote, não lhe dê ouvidos." Pois é hora de ouvir aqueles que têm experiência e sabedoria, ou seja, entendimento.

• • •

Há alguns anos, ouvi falar sobre o dr. Julius Stieglitz, um geriatra, médico especializado em idosos. Ele afirmou que a idade mental neste país é de 8 anos. Meio chocante, não é? Acho que é por isso que as pessoas vão ao cinema: porque os filmes são próprios para crianças de 8 anos.

Um homem que trabalha com publicidade me disse que escreve seus textos para gente com mentalidade de uma criança de 8 ou 9 anos. Tay Garnett, que foi um diretor de cinema maravilhoso, disse-me que fazem filmes para a mentalidade de uma criança de 12 anos. Ele declarou: "É a sabedoria adquirida com a bilheteria." Ele fez filmes no mundo todo, e afirmou: "Essa é a tendência." Meio espantoso, não é?

Seus superpoderes

Você vai ao cinema e gosta do que vê? A maioria dos filmes é para crianças de 12 anos. Isso indica quanto somos instáveis e desequilibrados. Ainda não chegamos à percepção de que a juventude e a velhice, o novo *e* o velho são necessários. Ao entrar na casa do tesouro, jogamos fora as coisas novas e as velhas também.

Há alguns anos, visitei um velho amigo em Londres que estava muito doente. Ele me disse: "Nós nascemos, crescemos, ficamos velhos e inúteis e fim." Sua atitude mental de futilidade e inutilidade era a principal razão de sua doença. Ele se sentia frustrado, fraco e quase sem vida. Sentia que sua idade avançada — ele tinha 82 anos — não lhe dava esperança. Afirmava que ele era inútil, que ninguém o queria. Quando era mais jovem, não via a hora de ser velho, mas depois, nada.

Infelizmente, muitas pessoas têm a mesma atitude desse homem; têm medo do que chamam de "velhice". Medo do fim, da extinção, o que significa que, na verdade, elas têm medo da vida. Mas a vida é infinita. A vida nunca nasceu. Deus é vida. Nós vivemos para sempre. "E a vida eterna é esta: que te conheçam a ti, o único Deus verdadeiro, e a Jesus Cristo, a quem enviaste." (JOÃO 17:3) A vida não tem começo nem fim. Velhos são a noite e o dia, e mais jovens que um bebê recém-nascido, mais brilhantes que a luz, mais escuros que a escuridão, além de todas as coisas e criaturas, mas ainda assim fixos no coração de todos.

O conhecimento ensina que a velhice não é o voo dos anos, é o alvorecer da sabedoria. A sabedoria é a consciência da presença

A falácia da velhice

e do poder de Deus em nós, e a resposta de uma inteligência suprema a nosso pensamento e nossa ação conscientes.

O espírito no homem nunca nasceu, portanto, nunca pode morrer. O espírito é Deus, e Deus não tem começo nem fim. Nosso corpo é a vestimenta que Deus utiliza quando toma a forma do homem. Deus se limita por sua crença em ser homem. A palavra *humanidade* significa um que parece muitos. É só isso que significa.

Deus se torna homem ao acreditar que é homem. Somos todos vestimentas que Deus enverga para mover-se pela ilusão do tempo e espaço. Para se manifestar, o espírito precisa de uma forma, de um corpo. Sempre teremos um corpo; nunca podemos ficar sem um corpo. É impossível nos concebermos sem um corpo.

Isso retrata e prenuncia que você sempre terá um corpo. Sim, você tem um agora — é um corpo raro. Nós podemos deixar nosso corpo atual, podemos ser enviados a milhares de quilômetros de distância. Isso se chama viagem extrassensorial. Podemos relatar o que vemos e o que ouvimos. Tudo pode ser gravado. Estão fazendo isso na Rússia hoje em dia. Estão usando isso em espionagem e outras formas de detecção. Isso é bastante conhecido por nossos departamentos de pesquisa e defesa. Essas coisas sempre foram conhecidas pelos departamentos de pesquisa psicossomática na Inglaterra e nos Estados Unidos.

O espírito precisa de um corpo, como você bem sabe. Seu corpo é o instrumento por meio do qual o espírito opera neste plano. O espírito e o corpo não são separados. O corpo do ho-

Seus superpoderes

mem é espírito, ou vida reduzida ao ponto de sua capacidade. Matéria e espírito não são diferentes. São a mesma coisa. Espírito é o mais alto grau de matéria; matéria é o mais baixo grau de espírito.

O homem sempre terá um corpo. Ao deixarmos este corpo, vestiremos um corpo de quarta dimensão, e assim por diante até o infinito, pois não há fim para a glória que é o homem.

O mundo inteiro, em grande parte, é de fato governado pelos jovens, e isso é um grande erro. É tolice enxotar um homem de 65 anos e dizer: "Você é um velho, seu lugar não é mais aqui." Porque é nessa fase de vida que ele tem sabedoria e entendimento. É nessa fase de vida que ele tem mais utilidade para o governo, a ciência, a arte, a indústria.

Relativamente pouco valor se dá à sabedoria acumulada pelos anos de pensamento, experiência e prática. É uma infelicidade que as pessoas se aconselhem mais com os jovens que com os velhos e sua maturidade e sabedoria. Por jovens, eu me refiro a qualquer coisa antes dos 80, 90 anos.

Quando chegamos aos 60, 70, 80, nossa idade deve representar sabedoria e entendimento. Hoje, as vozes da idade se perdem na tagarelice da inexperiência. Ouça a sabedoria. Adquira sabedoria com tudo que a velhice tem, adquira entendimento. Salomão diz: "Não passo de uma criança, não sei como conduzir-me [...] Dá, pois, ao teu servo coração compreensivo para julgar a teu povo." (1 REIS 3:7,9) Deus deu sabedoria e entendimento a Salomão, e todas as outras coisas lhe foram acrescentadas.

A falácia da velhice

A vida é uma progressão. A jornada é sempre para frente, para cima, em direção a Deus. Todas as coisas formadas no universo gradualmente voltam ao sem forma, e a vida sem forma está sempre tomando forma.

Tudo que tem um começo tem um fim. Seu corpo teve um começo e um fim, mas ele está conectado ao infinito. O espírito não tem começo nem fim. A vida não tem começo nem fim. A mente não tem começo nem fim. Você é mente, é espírito. Nosso corpo tem um começo. Ele retornará à substância primordial sem sem forma, e então, vestiremos um novo corpo, pois todo fim tem um começo.

A velhice não é algo trágico. Isso que chamamos de processo de envelhecimento é mudança; deve ser recebido com alegria e contentamento, pois cada fase da vida humana é um passo à frente no caminho que não conhece fim. Nossa jornada é sempre para frente, para cima, em direção a Deus.

O homem tem poderes que transcendem seu corpo; tem sentidos que transcendem seus cinco sentidos. Hoje, nos laboratórios acadêmicos ao redor do mundo, cientistas têm apresentado evidências positivas e indiscutíveis de que o homem é capaz de deixar seu corpo atual e viajar milhares de quilômetros, ver, ouvir, tocar pessoas e falar com elas, enquanto seu corpo físico está no sofá a milhares de quilômetros de distância.

O homem pode ver, ouvir, sentir, cheirar e viajar de maneira completamente independente de seu organismo físico. A natureza não deixa lacunas. A natureza não comete erros. É intenção que usemos todas essas faculdades de maneira que transcenda

Seus superpoderes

nosso ambiente. A vida do homem é espiritual e eterna. Ele nunca envelhece, pois o espírito — nossa vida — não pode envelhecer.

A vida é autorrenovável, eterna, indestrutível. Deus é vida, e a vida é a realidade de todo homem. A evidência da imortalidade do homem é esmagadora. O cientista não pode ver um elétron a olho nu, mas o aceita como um fato científico porque é a única conclusão razoável que coincide com outros fenômenos observados. Não podemos ver Deus, pois Deus é espírito ou vida, mas sabemos que estamos vivos. A vida é.

Você não vê amor, paz, harmonia ou alegria. Você não vê o vento, mas sente a brisa em seu rosto. Estamos aqui para expressar a vida em toda sua beleza e glória. João 17:3 diz: "E a vida eterna é esta: que te conheçam a ti, o único Deus verdadeiro, e a Jesus Cristo, a quem enviaste."

O homem que pensa ou acredita que o ciclo terrestre de nascimento, adolescência, juventude, maturidade e velhice é tudo o que há na vida é realmente digno de pena. Tal homem não tem âncora, esperança nem visão. Para ele, a vida não tem significado. Esse tipo de crença gera frustração, estagnação, cinismo e uma sensação de desesperança, resultando em neurose e aberrações mentais de todos os tipos.

Há homens e mulheres de 75, 80, 85 anos que vêm às minhas palestras nas manhãs de domingo no Saddleback Valley Plaza, Cinema 2 na El Toro Road. Se você não consegue jogar uma partida de tênis ou nadar rápido como seu filho, ou se seu corpo

A falácia da velhice

desacelerou, se você anda a passos lentos, lembre-se de que o espírito é sempre lento em você.

Aquilo que os homens chamam de morte é apenas uma jornada para uma nova cidade, outra mansão da casa de nosso Pai. Nossa jornada é sempre para frente, para cima e em direção a Deus. Como diz Paulo, nós vamos de glória em glória, de oitava em oitava, de força em força, de sabedoria em sabedoria, pois não há fim para essa jornada que não conhece fim porque estamos na presença do infinito. O infinito não tem começo nem fim, e você é infinito.

Você permanecerá jovem quando pensar sob o ponto de vista espiritual. Hoje em dia, as pessoas fazem um imenso esforço para levantar o rosto, fazendo todo tipo de coisas. Não sou contra isso, mas é a grande ilusão. Assim, negam a soberania do espírito. O espírito nunca envelhece.

Quando pensa em tudo que é verdadeiro, tudo que é justo, tudo que é puro, tudo que é honesto, tudo que é honrado, tudo que é gentil, você permanece jovem. Pois o amor nunca envelhece, a paz nunca envelhece, a alegria nunca envelhece. A compaixão não envelhece. O riso não envelhece.

A alegria do Senhor é sua força. A gentileza não envelhece, nem a sabedoria, nem o entendimento. Eles não têm idade, e é aí que está a juventude. Boa vontade, cordialidade, simpatia, exalação de boa vontade, boa vibração, nada disso tem idade.

Muitas pessoas acham que correr, pular, tentar acompanhar o filho correndo em volta do quarteirão, ou escalando uma

Seus superpoderes

montanha, é atestado de juventude. Isso é absurdo. Mas exercício, claro, é aceitável.

Os cosméticos também têm espaço na vida das mulheres, mas a maioria delas não sabe como usá-los. Às vezes, passam batom até nos dentes e ficam horríveis. Elas deveriam aprender a se maquiar com alguma mulher que lhes possa ensinar. Não há nada de errado com pó compacto e coisas dessa natureza, mas a grande lei da vida é: como o homem pensa em seu coração, assim ele é.

Nosso coração é nossa mente subconsciente, e se pensarmos nos outros como gentis, nobres e divinos — o que é puro —, se pensarmos em honestidade, integridade, justiça, boa vontade, o riso de Deus, nunca envelheceremos, porque essas qualidades de Deus não envelhecem. Essa é a grande lição que a Bíblia tem a ensinar: que o espírito é uma causa, e o espírito não envelhece.

Portanto, você seguirá em frente e para cima. Existem homens velhos aos 30 anos; também homens jovens aos 80. Veja as artérias de alguns homens de 30; eles são velhos. Estão corroídos, são amargos, sarcásticos.

Agora, veja uma mulher e um homem de 80, 85 anos. Eles estão cheios de alegria, cheios de juventude, cheios de riso. São criativos. Eles pintam, nadam, dançam, escrevem livros ou poemas. Eles fazem muitas coisas criativas. Eles esculpem, dão aulas de espanhol aos 85, 90 anos. Eles realizam coisas. É maravilhoso de se ver.

Essas qualidades de Deus nunca envelhecem. Os Estados Unidos serão um país para envelhecer. A idade tem sua glória,

A falácia da velhice

sua beleza, que lhe pertencem. Amor, beleza, riso, alegria, boa vontade, sabedoria, entendimento; inspiração, orientação, êxtase e arrebatamento. Essas qualidades nunca envelhecem. Elas nunca morrem. Elas são de Deus.

Emerson diz: "Só contamos os anos de um homem quando ele não tem mais nada para contar." Seu caráter, a qualidade de sua mente, sua fé e suas convicções não estão sujeitos à decadência.

Nós premiamos a juventude e desvalorizamos a multiplicação dos anos. Um homem pode ser um médico de 80, 85 anos. Ele pode saber mais que todos os outros médicos do hospital, porque acumulou sabedoria ao longo dos anos. Nós deveríamos ouvi-lo.

Não chute um homem quando ele chegar aos 70, 75 anos, não diga que é um velhote. Ele não é um velhote. Ele aprendeu muito. Você deve dar valor à sabedoria que ele adquiriu pela experiência, anos de meditação, de sonhos, de experimentação. Ele não adquiriu isso na faculdade. Ninguém pode ensinar isso. A sabedoria provém das profundezas dele mesmo, como todas as grandes invenções surgiram.

A maioria dos homens não realizou nada até os 65, 70 ou 80 anos de idade. Devemos nos aconselhar não com a juventude, e sim com a velhice.

Deveríamos ouvir o general Singlaub, mas ele foi expulso porque começou a dizer a verdade. Ele tem apenas 58 anos e afirmou que é um grande erro tirar nossas tropas da Coreia do Sul. Ele fala por experiência própria, pois passou por muitas

Seus superpoderes

dificuldades e sabe do que está falando. Ele tem perspicácia mental e sagacidade, mas o expulsaram porque acham que é um velho que não sabe o que diz. Mas ele sabe o que diz.

Portanto, só contamos os anos de um homem quando ele não tem mais nada para contar. Seu caráter, a qualidade de sua mente, sua fé, suas convicções e seu riso não estão sujeitos à decadência.

• • •

Conheci um cirurgião na Inglaterra. Ele tinha 84 anos. Operava todas as manhãs e visitava os pacientes à tarde. Ele escrevia artigos para o *English Medical Journal* à noite. Era jovem aos 84 anos, cheio de vida, zelo, entusiasmo, amor e boa vontade. Ele não se rendeu ao avanço dos anos, pois sabe que é imortal.

Ele me disse: "Se eu falecer amanhã, vou operar pessoas na próxima dimensão da vida, não com um bisturi de cirurgião, e sim com cirurgia mental e espiritual."

John Wesley expôs muito ativamente suas convicções sobre Deus e Suas leis quando estava perto dos 90 anos de idade. Ele disse: "Eles vêm me ver. Eles vêm me ver arder em chamas." Sim, ele ardia de zelo e entusiasmo do espírito quando se comunicava com os outros.

Certa vez, conheci o presidente Hoover e passamos meia hora conversando. Ele era muito ativo, aos 84 anos realizava um trabalho monumental para o governo. Ele mantinha quatro secretários sempre ocupados. Escrevia livros, era saudável, feliz,

A falácia da velhice

vigoroso e cheio de vida e entusiasmo. Sua mente era clara e decisiva. Sua perspicácia mental e sagacidade eram muito maiores aos 84 anos que quando ele tinha 40.

Ele dizia que achava a vida interessante e fascinante. Li há algum tempo que ele passava todo o seu tempo livre escrevendo sobre a vida do ex-presidente Wilson. Hoover era um homem muito religioso, quaker, com muita fé em Deus, na vida e no universo. Ele foi submetido a uma enxurrada de críticas e condenações nos anos da Depressão, mas resistiu à tempestade e não sucumbiu a ódio, ressentimento, má vontade e amargura — pois tudo isso, sim, que é velhice. É por isso que algumas mulheres e homens são velhos aos 30, e alguns são jovens aos 90.

Ao contrário, ele entrou no silêncio de sua alma, em comunhão com o Deus que nos habita, e encontrou a paz, que é o poder no coração de Deus.

• • •

Vamos falar do homem que tenta recuperar a juventude, às vezes saindo com mulheres jovens, tentando jogar bola com o filho, nadar, jogar uma partida de tênis ou coisas dessa natureza. Ele não consegue. Mantém relações sexuais casuais, tentando recuperar o que pensa que é a juventude perdida. Mas seu trabalho agora é comungar com o espírito interior, pois a natureza desacelera o corpo para que ele possa comungar com o Deus interno e se tornar espiritual. E assim, está rejuvenescido, revitalizado.

Seus superpoderes

Lembro-me de uma mulher que estava muito nervosa porque seu marido, com quase 40 anos, estava saindo com uma garota de 18 anos. Ele comprou um lindo apartamento para ela, deu-lhe milhares de dólares, um carro novo e tudo mais. Ela o bajulava e pegava todo o dinheiro que ele lhe dava.

Quando ele não tinha muito mais para dar, eu disse à esposa: "Ele vai voltar." A garota se apaixonou por um jovem da idade dela e disse: "Obrigada pelas joias e pelo carro. Agora, é melhor você voltar para sua esposa. Eu me apaixonei por um rapaz." Ele aprendeu a lição.

Pare de tentar recuperar a juventude, esqueça isso. O espírito que nos habita nunca envelhece. Não permita que sua perspectiva seja externa, focada em seu corpo.

Você não pode praticar os esportes que praticava quando era jovem. Não pode vencer seu filho escalando uma montanha. Isso não vai trazer sua juventude de volta. Sair com mulheres jovens também não vai. Ela vai rir de você e lhe arrancar tudo. Como diz o ditado, "Não há nada mais tolo que um velho tolo".

Na velhice, você deve aprender mais sobre o espírito, sobre a natureza espiritual, exercitá-la, viver com ela. Sobre a vontade e o propósito da vida. Você está aqui para crescer, para reproduzir tudo que está alinhado com o infinito.

Emerson disse: "Um homem que se mantém fiel a seus pensamentos concebe coisas magníficas de si mesmo." Você está aqui para reproduzir todas as qualidades, atributos e potências de Deus. Isso é maturidade espiritual, e precisamos disso.

A falácia da velhice

Perguntaram a Einstein o que era o tempo. "Bem, é assim: se você passa uma hora conversando com uma linda garota, essa hora parece um minuto. Mas se você se senta sobre um fogão quente por trinta segundos, parece uma hora", explicou.

O tempo é relativo. O tempo é nosso pensamento. O tempo é nosso sentimento. O tempo é nosso estado de consciência. Onde não há eventos, não há tempo. O tempo é uma série de eventos em uma totalidade unitária.

Rip van Winkle dormiu durante vinte anos. Quando acordou, certa manhã, não se deu conta de que vinte anos tinham se passado. Quando você está dormindo, não existe o senso de duração. Não existe relógio. Não existe tempo. Não há passagem de eventos. Dizemos que o tempo voa quando estamos absortos. Minimizamos nosso relacionamento com os eventos.

Se tivéssemos apenas uma experiência na vida, nunca envelheceríamos. O tempo é só uma ilusão que sentimos quando uma longa série de eventos passa diante de nós, conforme a maneira como nos relacionamos com eles. Se não houvesse eventos, condições, circunstâncias com as quais nos relacionássemos, não haveria tempo, portanto, não haveria velhice. É a experiência dos eventos que traz as mudanças.

Conheci uma mulher que esteve em um campo de concentração na Segunda Guerra Mundial. Seus parentes foram todos mortos lá. Tinha 75 anos quando conversei com ela em Beverly Hills. Nunca conheci uma mulher mais graciosa, gentil e doce — uma mulher muito espiritualizada. Ela tinha 75 anos, mas parecia ter 40. Ela passou por coisas consideradas torturas

Seus superpoderes

infernais, foi espancada, chutada e cuspida, mas reagiu de forma diferente.

Ela orava por seus captores e acreditava que Deus a guiaria para fora dali na lei divina e na ordem divina, por meio do amor divino. Ela não envelheceu em amargura, ódio, cinismo ou velhas cicatrizes. Essas são as coisas que nos fazem envelhecer, essa é a causa da velhice.

• • •

A vida nunca nasceu. Ela nunca morrerá. Assim, como é possível que você diga: "Eu sou velho, sou inútil, sou indesejado"? Nunca na eternidade você poderia esgotar as glórias e belezas que estão dentro de você, pois o infinito está dentro de você. A presença de Deus está dentro de nós. Não há fim para a vida, pois não há fim para Deus. Guardar esse conceito o manterá para sempre jovem, ávido, vivo, alerta e cheio da luz que nunca se apaga.

Seus cabelos grisalhos são um grande trunfo para você; não precisa tingi-los. Tenha orgulho deles. Eles simbolizam sabedoria, entendimento e força de caráter.

Muitos sacerdotes recebem ofertas maravilhosas quando têm mais de 60, 70 ou 80 anos, porque as pessoas acreditam que, a essa altura da vida, já sabem alguma coisa. Um homem me disse recentemente: "A única razão de eu vir aqui é porque você tem cabelos grisalhos. Acredito que você passou por muitas dificuldades e que fala por experiência própria."

Para os sacerdotes, é muito fácil conseguir uma boa posição na velhice. Um padre aposentado me informou recentemente

A falácia da velhice

que tem recebido ofertas fabulosas de muitas fontes. Ele tem mais de 80 anos. Verdade, amor e sabedoria não têm idade.

É possível que um menino de 12 anos, que estuda as leis da mente e o caminho do espírito, tenha um conhecimento maior de Deus que seu avô, que se recusa a abrir a mente para as verdades de Deus. Você não pode ser menos amanhã do que é hoje, pois a vida não retrocede nem se demora no passado.

Não negligencie a vida espiritual. A vida está sempre buscando expressão por meio de você. Perceba que o espírito que o habita é soberano. É livre, é Deus. É desimpedido por fenômenos. É o eterno vivo, o todo sábio, o onisciente. "Eu sou o Senhor, este é o meu nome; a minha glória, pois, não a darei a outrem, nem a minha honra, às imagens de escultura." (ISAÍAS 42:8)

Então dê todo o poder ao espírito que vive em você. Ele é seu Deus vivo. É sua realidade. Ele não morre. A vida não pode desejar uma coisa dessas, é absurdo, uma contradição da natureza de Deus, que é nossa vida. É a causação dentro de nós. Nada se opõe ao espírito, nada o frustra ou invalida.

Não atribua poder a coisas, pessoas e eventos. Isso o deixa fraco e anêmico. Isso lhe provoca raiva em relação aos acontecimentos. Não diga: "Ela está bloqueando meu bem", ou "Ele me provoca raiva", ou "Ele me impede de arranjar um emprego". Os outros não têm poder. O poder é o espírito dentro de nós.

Muitas pessoas ficam rabugentas, petulantes, irritadiças, fofoqueiras, inflexíveis e irascíveis. Esses são sinais de velhice; se você tem 20 anos e é rabugento, inflexível e irascível, é velho, muito velho. Mas quando é gentil e gracioso, e cheio do riso de

Seus superpoderes

Deus, há um brilho em seus olhos. Você está cheio de fé e confiança no único poder que existe. Perceba que Deus vai à sua frente em majestade e glória e que Sua luz é a luz de todo homem que vem ao mundo. Então você é jovem, independentemente de qual seja sua idade física.

Sua idade é determinada apenas pela presença ou ausência dessas características. Você encontra a presença e o poder de Deus em pessoas que têm 20 anos, e é claro que elas são jovens. Você os encontra presentes em pessoas de 80 anos, e elas ainda são jovens.

Essas qualidades de Deus nunca envelhecem. Nunca peça demissão e diga: "Estou acabado, estou cansado, estou velho." Não se aposente. Coloque pneus novos sob o chassi velho e arranje um trabalho novo. Assim, você fica um pouco diferente, mas está sempre ativo, sempre presente. Você continua. Alguns homens são velhos aos 30 e outros são jovens aos 80 ou 90. A mente é o mestre de obras, o arquiteto, o designer e o escultor.

George Bernard Shaw era bem ativo aos 90. A qualidade arquitetônica de sua mente não relaxou. Conheço homens e mulheres que me dizem que as empresas batem à porta na cara deles quando dizem que têm mais de 40 anos. Essa atitude por parte das empresas deve ser considerada fria, insensível, má e completamente desprovida de compaixão, de compreensão. A ênfase total parece estar na juventude; ou seja, você deve ter menos de 35 anos, o que é absurdo.

Sem dúvida, tudo isso está mudando agora. Tem que mudar, porque o raciocínio que justifica isso é superficial. Se essas em-

A falácia da velhice

presas pensassem, perceberiam que aqueles homens e mulheres não estavam oferecendo sua idade ou seus cabelos grisalhos; o que estavam dispostos a dar era seu talento, sua experiência, sua sabedoria, acumulados durante anos de experiência no mercado da vida.

Graças à prática e à dedicação, a idade do homem deve ser um ativo para as empresas. Seus cabelos grisalhos devem representar mais sabedoria, capacidade e entendimento.

Este livro foi composto na tipografia Palatino LT Std,
em corpo 11,5/18, e impresso em
papel off-white no Sistema Cameron da
Divisão Gráfica da Distribuidora Record.